Michel Beger

Migration, kulturelles Kapital & Arbeitsmarkt

Orientierungen, Strategien und Probleme von MigrantInnen beim Einstieg in den deutschen Arbeitsmarkt

Diplomica Verlag GmbH

Beger, Michel: Migration, kulturelles Kapital & Arbeitsmarkt: Orientierungen, Strategien und Probleme von MigrantInnen beim Einstieg in den deutschen Arbeitsmarkt, Hamburg, Diplomica Verlag GmbH 2013

Buch-ISBN: 978-3-8428-9465-5
PDF-eBook-ISBN: 978-3-8428-4465-0
Druck/Herstellung: Diplomica® Verlag GmbH, Hamburg, 2013
Covermotiv: © Brigitte Bonaposta – Fotolia.com

Bibliografische Information der Deutschen Nationalbibliothek:
Die Deutsche Nationalbibliothek verzeichnet diese Publikation in der Deutschen Nationalbibliografie; detaillierte bibliografische Daten sind im Internet über http://dnb.d-nb.de abrufbar.

Das Werk einschließlich aller seiner Teile ist urheberrechtlich geschützt. Jede Verwertung außerhalb der Grenzen des Urheberrechtsgesetzes ist ohne Zustimmung des Verlages unzulässig und strafbar. Dies gilt insbesondere für Vervielfältigungen, Übersetzungen, Mikroverfilmungen und die Einspeicherung und Bearbeitung in elektronischen Systemen.

Die Wiedergabe von Gebrauchsnamen, Handelsnamen, Warenbezeichnungen usw. in diesem Werk berechtigt auch ohne besondere Kennzeichnung nicht zu der Annahme, dass solche Namen im Sinne der Warenzeichen- und Markenschutz-Gesetzgebung als frei zu betrachten wären und daher von jedermann benutzt werden dürften.

Die Informationen in diesem Werk wurden mit Sorgfalt erarbeitet. Dennoch können Fehler nicht vollständig ausgeschlossen werden und die Diplomica Verlag GmbH, die Autoren oder Übersetzer übernehmen keine juristische Verantwortung oder irgendeine Haftung für evtl. verbliebene fehlerhafte Angaben und deren Folgen.

Alle Rechte vorbehalten

© Diplomica Verlag GmbH
Hermannstal 119k, 22119 Hamburg
http://www.diplomica-verlag.de, Hamburg 2013
Printed in Germany

Inhalt

1. **Problemaufriss** 7
2. **Zentrale Begriffe** 11
3. **Theoretische Grundlagen** 19
4. **MigrantInnen auf dem deutschen Arbeitsmarkt** 29
   4.1. Entwicklung der Zuwanderung und Migrationspolitik in Deutschland 29
   4.2. Rechtliche Bedingungen der Eingliederung von MigrantInnen in den Arbeitsmarkt anhand des Aufenthaltsstatus 30
   4.3. Statistischer Überblick über die bildungsbiographische Zusammensetzung und Arbeitsmarktpositionierung der Migrationsbevölkerung in Deutschland 32
   4.4. Forschungstand: Empirische Studien zur Situation von MigrantInnen auf dem deutschen Arbeitsmarkt 36
5. **Methodisches Vorgehen der Studie** 41
   5.1. Zugang zu den Interviews und Auswahl der Fälle 41
   5.2. Das narrativ fundierte Interview 43
   5.3. Die dokumentarische Methode 45
6. **Die Fallbeispiele anhand von drei Typen** 49
   6.1. Hochqualifizierte BildungsausländerInnen – Der Fall von Frau Bakshi 49
   6.2. Mittelqualifizierte BildungsausländerInnen – Der Fall von Frau Suvorov 56
   6.3. Unterqualifizierte MigrantInnen – Der Fall von Herrn Said 62
   6.4. Weitere Fälle für die Typenbildung als biographische Kurzdarstellungen 69
7. **Vergleichende Interpretation und Ansätze einer Typenbildung** 75
   7.1. Biographische Orientierungen und die Statuspassagen der Migration 75
       7.1.1. Partnerschafts-/ Familienorientierung als Migrations- und Bleibemotiv 77
       7.1.2. Ameliorationsorientierung als Migrations- und Bleibemotiv 80
       7.1.3. Asylsuche aufgrund von Kriegsausbrüchen 82
   7.2. Arbeitsmarkteinstieg und Arbeitsmarktpositionierung 83
       7.2.1. Eigenwerbung und Arbeitsmarktintegration unterhalb der Qualifikation 83
       7.2.2. Soziale Kontakte als Motor für den Arbeitsmarkteinstieg auf unterschiedlichen Qualifikationsebenen 85
           7.2.2.1. Nutzung sozialer Kontakte im berufsbezogenen Kontext 85
           7.2.2.2. Nutzung sozialer Kontakte ohne Berufsbezug 87
       7.2.3. Herkunftsland- und berufsbezogene Organisationen als Möglichkeiten für den Arbeitsmarkteinstieg mit beschränkter Rendite 88

7.3.	Nutzung des kulturellen Kapitals		91
	7.3.1.	Die hochqualifizierten BildungsausländerInnen	91
	7.3.2.	Die mittelqualifizierten BildungsausländerInnen	95
	7.3.3.	Die unterqualifizierten MigrantInnen	97
8.	Ergebnisse: Statuspassagen, Arbeitsmarktpositionierung und Verwertung des kulturellen Kapitals		99
9.	Beantwortung der Fragestellungen und Grenzen der Forschung		105
10.	Literaturverzeichnis		109
11.	Anhang		113

1. Problemaufriss

In den Jahren von 2000 bis 2010 wanderten über 6,7 Mio. Ausländer nach Deutschland ein. Die Wenigsten davon migrierten abhängig von politischen Programmen wie der Greencard-Initiative oder aufgrund von Expatriate-Stellen innerhalb von Organisationen. Der große Teil kam aufgrund anderer, jedoch sehr differenzierter Motive und Orientierungen nach Deutschland, sei es wegen schlechten politischen und wirtschaftlichen Situationen oder wegen einer Partnerschaft. Diese Migration kann nicht von außen gesteuert werden. Gerade das macht sie so unberechenbar. Aus dieser Art des Wanderungsgeschehens ergeben sich viele Problemlagen. Die entscheidenden sind dabei wohl die finanzielle Absicherung durch eine Beschäftigung auf dem nationalen Arbeitsmarkt. Dabei bringen viele der MigrantInnen schon erheblich gutes kulturelles Kapital in Form von Bildungstiteln und Arbeitserfahrungen mit, sodass ein Einstieg gewährleistet sein sollte.

Eine gesellschaftliche Integration misst sich im Wesentlichen an der Teilhabe am Arbeitsmarkt. Durch diese erlangt der Einzelne ein eigenes Einkommen und damit ein unabhängiges Leben. Er wird zu einem autonomen Bürger, der unabhängig von staatlichen Leistungen und vor allem unabhängig von befristeten Aufenthaltstiteln ist. Das schafft Akzeptanz in der aufnehmenden Gesellschaft. Ingrid Wilkens (2008) sieht eine Integration in den Arbeitsmarkt erst dann als erreicht an, wenn die „Teilnahme am Erwerbsleben von MigrantInnen identisch mit der von Einheimischen mit vergleichbaren Qualifikationen ist"[1]. Dass dies u.a. in Deutschland nicht der Fall, begründet Bettina Englmann (2009) mit einem fehlenden Zugang zu notwendigen Qualifikationen und Kenntnissen, beginnend bei Sprachkenntnissen über Weiterbildungen bis hin zur Übersetzung und Anerkennung der aus dem Heimatland mitgebrachten beruflichen Qualifikationen bei den neuen Arbeitgebern[2], sowie bestehenden rechtlichen Hindernissen. Ein ebenso großer Hinderungsgrund ist aber auch bei den MigrantInnen selbst und deren Bildungsbeteiligung sowohl im Heimatland als auch im Migrationsland zu finden, da Bildung maßgeblich die Entwicklungschancen und Handlungsalternativen des Individuums auf dem Arbeitsmarkt bestimmt.[3]

In dieser Studie werde ich den Prozess des Arbeitsmarkteinstieges von MigrantInnen in das Zentrum stellen. Dabei werde ich versuchen die Wege beruflich aktiver

---

[1] Wilkens 2008, S.172
[2] vgl. Englmann 2009 S.19 ff.
[3] vgl. Wilkens 2008, S.172 f.

MigrantInnen unterschiedlicher Bildungskarrieren, Herkunft und sozialem Milieu zu rekonstruieren. In der Untersuchung spielen ausschließlich MigrantInnen der ersten Generation eine Rolle, d.h. Menschen, die selbst eine Migrationserfahrung erlebt haben. Diese Gruppe ist deshalb so bedeutend, da sie sich zum einen durch den Aufenthaltstitel, zum anderen aber auch durch die Art ihres Wissens und Könnens aus dem Herkunftsland von der Gruppe der Einheimischen stark unterscheidet. Worin diese Unterschiede liegen und wie sich diese Faktoren auf den Arbeitsmarkteinstieg der MigrantInnen auswirken, soll in dieser Studie behandelt werden.

Die zentralen Fragen sind daher, wie MigrantInnen der Einstieg in den deutschen Arbeitsmarkt gelingt? Welche Probleme treten dabei auf? Wo bestehen Unterschiede zwischen den unterschiedlichen Bildungskarrieren? Wie kann das kulturelle Kapital aus dem Herkunftsland auf dem deutschen Arbeitsmarkt eingebracht und nutzbar gemacht werden? Besteht eine Dominanz von Bildungstiteln bei der Zuweisung von wirtschaftlichen Positionen? Wie verlaufen Statusübergänge während und nach der Migration nach Deutschland?

Obgleich dieses Thema – zumeist hochqualifizierte MigrantInnen betreffend – in den letzten Jahren stärker in den Fokus der Wissenschaft gerückt ist, hat diese Studie den Anspruch, nicht diese zu bestätigen, sondern um eine wichtige Essenz zu erweitern. Der häufige Bezug zu Hochqualifizierten hat dafür gesorgt, dass bestimmte Gruppen von MigrantInnen aus dem Blickfeld geraten. Um den selbstgesteckten Anforderungen gerecht zu werden, wurden gezielt unterschiedliche Bildungskarrieren in die Analyse einbezogen. Dies soll all denjenigen MigrantInnen gerecht werden, die in den vielen Studien der Hochqualifizierten aufgrund ihres nicht so hochqualifizierten Kapitals vergessen oder übergangen wurden.

Ich möchte mich u.a. diesem Feld widmen und neben hochqualifizierten auch mittelqualifizierte und unterqualifizierte MigrantInnen untersuchen. Die beiden letzten Gruppen sind in der wissenschaftlichen Literatur bislang stark benachteiligt bzw. ignoriert worden. Dabei sind Mittelqualifizierte auch mit guten beruflichen Abschlüssen ausgestattet und bringen zudem auch oftmals viel berufliche Erfahrung mit. Die Gruppe der Unterqualifizierten ist dagegen eine, die sich nicht auf Titel und Zertifikate beziehen kann. Und gerade deshalb ist sie wiederum so interessant, da sich auch hierbei erfolgreiche Strategien herausbilden, die letztlich zu einem Arbeitsmarkteinstieg führen können. Diese beiden Gruppen wurden auch deshalb einbezogen, da es in dieser Studie vor allem um die MigrantInnen geht, die nach Deutschland kamen und *nicht* vorrangig die Absicht hatten ihr erworbenes Kapital verwerten zu wollen. Das bedeutet, es geht u.a. in dieser Studie darum zu zeigen, welche Mechanismen stattdessen ablaufen bzw. welche Motive diese MigrantInnen für ihre Migration nach Deutschland zeigen.

Ich werde zunächst in Kapitel 2 wichtige Begriffe, wie „Bildungsausländer", „Hoch-, Mittel- und Unterqualifizierte", „Statuspassage" und „Erfolgreicher Arbeitsmarkteinstieg" klären. Darauf aufbauend zeige ich dann in Kapitel 3 den Zusammenhang von Bildung, sozialer Herkunft und Arbeitsmarktpositionierung anhand zweier kapitaltheoretischer Konzepte auf. Nach einer intensiven Darstellung des Bourdieuschen Kapitalbegriffes ziehe ich schließlich die Parallele zum Konzept der Statuspassage. Kapitel 4 dient der Hinführung zum Forschungsgegenstand. Dabei thematisiere ich zunächst kurz eine historische Entwicklung der Zuwanderung sowie der Migrationspolitik in Deutschland, gefolgt von einer Darstellung der rechtlichen Bedingungen von MigrantInnen mit einem Schwerpunkt auf dem Aufenthaltsgesetz. Nach einem statistischen Überblick über die Zusammensetzung der Bildungsbiographien von MigrantInnen in Deutschland schließe ich dieses Kapitel mit einer Erläuterung diverser Studien, welche dieser Studie voraus gingen. Kapitel 5 beinhaltet die Methodik der Studie. Hierbei skizziere ich zunächst die Untersuchungsgruppe und zeige dann die theoretischen Konzepte von narrativem Interview und dokumentarischer Methode auf, die für die Erhebung und Auswertung der Interviews genutzt wurden. Im Kapitel 6 stelle ich dann die Interviewten vor. Dazu bilde ich ausgehend von den Bildungsbiographien drei Typen und veranschauliche in diesen jeweils einen Fall explizit. Die restlichen Fälle, welche später in der Typenbildung eine Rolle spielen werden, fasse ich in Kurzbiographien zusammen. Kapitel 7 dient der vergleichenden Interpretation sowie Ansätzen zur Typenbildung. Von Interesse sind dabei die Themen migrationsbezogene biographische Orientierungen, Strategien des Arbeitsmarkteinstieges und die Nutzung des mitgebrachten kulturellen Kapitals. Diese Ergebnisse werde ich im Kapitel 8 zusammenfassend darstellen. Da diese Studie nur einen Teil dessen erklären kann, was in der Migrationsforschung zum Thema gemacht wird, werde ich schließlich in Kapitel 9 auf Aspekte eingehen, die dieses Studie nicht oder nur in Ansätzen erklären konnte.

2. Zentrale Begriffe

Im Folgenden werde ich verschiedene Begriffe definieren, um damit die Grundlage für das weitere Vorgehen zu legen. Es geht dabei zunächst vor allem um die Akteure, welche hier im Mittelpunkt der Analyse stehen. Dabei spielt zu jeder Zeit ein Bezug zu ihrem Bildungsniveau eine Rolle, weil ich dadurch die Fälle untereinander differenziere. Weiterhin geht es um den Wechsel von einem Status zu einem anderen anhand einer Statuspassage und zuletzt um die Frage, was hier unter einem erfolgreichen Arbeitsmarkteinstieg verstanden wird.

Bildungsausländer

Diese Studie thematisiert die Einzelschicksale von MigrantInnen, die *nach* einer erfolgreichen beruflichen Ausbildung nach Deutschland migrierten.[4] Diese Gruppe bezeichne ich hier als *Bildungsausländer*. Damit folge ich der Definition von Arnd-Michael Nohl, Karin Schittenhelm, Oliver Schmidtke und Anja Weiß (2010), welche Bildungsausländer als jene bezeichnen, die „ihren letzten Bildungstitel vor der Migration erhalten"[5] haben. Diese Auffassung unterscheidet sich von der landläufigen, die als Bildungsausländer diejenigen bezeichnet, „die ihre Hochschulzugangsberechtigung im Ausland erworben haben und zum Zwecke des Studiums nach Deutschland einreisen"[6]. Aus zweierlei Gründen halte ich diese Definition für ungenügend: Zum einen grenzt sie sich von anderen Formen von Bildung ab, die im Ausland erworben wurden. Eine Qualifikation für eine berufliche Ausbildung, d.h. in der Regel mindestens ein mittlerer Schulabschluss, wird dadurch nicht erfasst. Und auch bereits abgeschlossene Studien oder berufliche Ausbildungen zählen demnach nicht unter den Bildungsbegriff. Zum anderen schränkt sie dadurch den Zweck der Migration auf eine Bildungsorientierung ein. Stattdessen migrieren aber auch viele Menschen nach Deutschland, um ihre im Herkunftsland absolvierten Abschlüsse verwerten zu können. Differenziert man zwischen Bildungsausländern und -inländern darf eine solche Einschränkung nicht stattfinden. Die Zusammensetzung der jeweiligen Begriffe impliziert, dass es nicht auf die Absicht ankommt, als Ausländer Bildung zu erhalten, sondern mit der Bildung aus dem Ausland eine Verwertung zu erzielen. Eine solche Differenzierung halte ich andernfalls für überflüssig, da die einheimische

---
[4] Ausgenommen ist der Fall für den Typus „Unterqualifizierte MigrantInnen", welcher keine berufliche Ausbildung weder im Herkunftsland noch im Migrationsland besitzt.
[5] Nohl/Schittenhelm/Schmidtke/Weiß 2010, S.14
[6] Bundesamt für Migration und Flüchtlinge 2007, S.57

Bevölkerung nicht als Bildungsinländer klassifiziert werden muss, sondern vielmehr als autochthone Bildungsteilnehmer, oder im Fall von Ausländern als allochthone Bildungsteilnehmer. Die Definition nach Nohl/Schittenhelm/Schmidtke/Weiß verweist dagegen auf irgendeinen Bildungstitel aus dem Ausland, welcher in Deutschland verwertet werden soll, ohne dabei den Grad des Titels einzuschränken und ohne dabei auf dessen Voraussetzung für Bildungsberechtigungen zu rekurrieren.

Hoch-, Mittel- und Unterqualifizierte

Die in dieser Studie erhobenen Interviews lassen sich in drei Typen teilen. Die hochqualifizierten Bildungsausländer haben in ihrem Herkunftsland mindestens *einen* universitären Abschluss erworben. Ergänzend durch Nohl/Schittenhelm/Schmidtke/ Weiß (2010), sind dies MigrantInnen, „die über ein erhebliches Maß an Wissen und Können verfügen"[7], aber auch hohe, d.h. akademische, Bildungstitel vorweisen können.[8]

Eine Definition von mittelqualifizierten Bildungsausländern genauso wie unterqualifizierten MigrantInnen ist nicht bekannt, da diese Gruppen in der Literatur bislang nur in Ansätzen in Erscheinung traten. Schmolke (2010) bspw. geht bei der Benennung einen Umweg über den Begriff der „niedrigen Qualifizierung", welcher aus meiner Sicht aber ungeeignet erscheint. Auf „mittelqualifiziert" geht sie leider gar nicht ein.[9]

Um für diese Studie dennoch eine Abgrenzung zu erreichen, definiere ich mittelqualifizierte Bildungsausländer als MigrantInnen, die mindestens *eine* berufliche Ausbildung in ihrem Herkunftsland erworben haben. Sie verfügen damit zumeist über handwerkliches oder administratives Wissen und Können und weisen zudem in vielen Fällen einige Jahre an Berufserfahrung auf.

Für die Gruppe der Unterqualifizierten musste zunächst der Bildungsbegriff gestrichen werden. Zwar besaß der einzige vorliegende Fall eine abgeschlossen Schulausbildung, aber keine weiterführende berufliche. Ich spreche daher von unterqualifizierten MigrantInnen.

---

[7] Nohl/Schittenhelm/Schmidtke/Weiß 2010, S.13
[8] vgl. Nohl/Schittenhelm/Schmidtke/Weiß 2010, S.14
[9] vgl. Schmolke 2010, S.39

Statuspassage

Das Konzept der *Statuspassage* entstammt ursprünglich der Forschung von Arnold van Gennep, welcher 1908 die Existenz von Übergängen zwischen einem klar festgelegten Status zu einem anderen und den damit einhergehenden Ritualen untersuchte. Für die Soziologie handhabbar wurde der Begriff jedoch erst lange Zeit danach durch die Arbeit von Barney G. Glaser und Anselm L. Strauss (1971), die als Begründer der soziologischen Statuspassagenforschung gelten. Eine Statuspassage ist nach Glaser/Strauss ein Phänomen, welches sich positiv wie negativ auf die soziale Mobilität auswirken kann. Anhand von elf Eigenschaften fassen sie die Gestalt der Statuspassage zusammen.[10]

Der Wechsel von einem Status zu einem anderen kann 1. einerseits erwünscht, andererseits aber auch unerwünscht sein, was in dem Sinne 2. zwangsläufig und unvermeidlich auftreten kann, ohne Handlungsoption also. In gewissem Maße kann dieser Wechsel 3. auch reversibel also umkehrbar sein, worunter bspw. berufliche (De-)Gradierungen zählen, nicht aber alterschronologische Übergänge. Der 4. Punkt ist die Wiederholbarkeit von Übergängen, bspw. die erneute Wahl in ein Amt oder eine zweite Heirat. Statuspassagen können 5. allein oder im Kollektiv oder als Kohorte durchlaufen und so 6. in dieser Gemeinschaft bewusst oder unbewusst wahrgenommen werden, was 7. durch die Möglichkeit der Kommunikation untereinander weiter differenziert wird. In Anlehnung an Punkt 2 kann ein Übergang 8. freiwillig oder unfreiwillig ablaufen. Des Weiteren kann eine Person 9. den Übergang kontrollieren oder nicht kontrollieren und ist 10. von der Legitimation des Statuswechsels abhängig, d.h. bspw. dass eine bestandene Abschlussprüfung ihren Wert erst mit der offiziellen Übergabe des Zertifikates erlangt. Eine Statuspassage kann zudem 11. offensichtlich sein und klare Zeichen aufweisen, bspw. eine hochschwangere Frau, oder geringfügig sichtbar sein, wie bspw. eine Schwangere in den ersten Tagen und Wochen der Schwangerschaft.[11]

Glaser und Strauss halten fest: „this is an incomplete list of properties of status passage"[12]. Vor allem die Berücksichtigung der Kombinationen untereinander erhöht die Anzahl drastisch. Im Speziellen werden aber noch zwei Eigenschaften gesondert hervorgehoben, die sich jedoch nicht ganz trennscharf von anderen abgrenzen

---

[10] vgl. Glaser/ Strauss 1971, S. 2 ff.
[11] vgl. Glaser/Strauss 1971, S.4 f.
[12] Glaser/Strauss 1971, S.5

lassen. Zum einen ist entscheidend, inwieweit die Person von dem Übergang überhaupt betroffen ist, d.h. welchen zentralen oder dezentralen Stellenwert diese einnimmt und so erwünscht oder unerwünscht ist. Zum anderen spielt die Dauer der Passage eine Rolle, wobei es neben einer kurzen und einer langen Zeitspanne auch darum geht, ob der Übergang kontrolliert und geplant ist.[13]

Diese zeitliche Komponente bekommt hier eine besondere Zuwendung, da diese immer mitbetrachtet wird, wenn es um Übergangsprozesse geht. Denn diese sind grundsätzlich von Dauer und besitzen damit sowohl einen Anfang als auch ein Ende. Die Zeit ist deshalb so wichtig, weil die erwartete Dauer ausschlaggebend für den weiteren Übergangsstatus ist, was sich vornehmlich in der weiteren Planung und Koordination manifestiert. Bspw. ist die Dauer einer Ausbildung wichtig für den späteren Berufseinstieg, wenn es der Fall ist, dass die Person bereits im fortgeschrittenen Alter ist und bestimmte Positionen nur mit Personen eines bestimmten Alters besetzt werden, ganz zu schweigen von der Tatsache, dass Unternehmen aus ökonomischen Gründen in der Regel keine Menschen in hohem Alter mehr einstellen. Der Azubi erlebt seine Ausbildung als Übergangspassage zum Berufsstatus, was Glaser/Strauss als „transition status"[14] bezeichnen. Dieser Zwischenstatus kann verschiedene Etappen aufweisen, bspw. unterschiedliche Module, Seminare, Abschlussprüfungen etc.[15]

Das Zusammenspiel von „transition status" und zeitlicher Komponente muss koordiniert werden. Dies kann aber gerade dann problematisch werden, wenn sich die Person in mehreren unterschiedlichen Statuspassagen befindet, die sich sowohl unabhängig oder sogar unterstützend, als auch konkurrierend gegenüber stehen. In den meisten Fällen konkurriert der berufliche Aufstieg mit dem gerade geborenen Kind und umgekehrt: einerseits um beiden Status gerecht zu werden und andererseits aufgrund der steigenden Zahl an Krankheitstagen. Allerdings wirken beide auch unterstützend, wenn der Aspekt der ausreichenden Versorgung für die Familie betrachtet wird. Es stellt sich zudem die Frage nach dem Stellenwert der unterschiedlichen Status – Workaholic oder Familienmensch.[16]

Um Statuspassagen speziell bei MigrantInnen machte sich vor allem Karin Schittenhelm (2005) verdient. Sie griff u.a. die von Glaser/Strauss formulierte Beein-

---

[13] vgl. Glaser/Strauss 1971, S.5
[14] Glaser/Strauss 1971, S.47
[15] vgl. Glaser/Strauss 1971, S.34 ff.
[16] vgl. Glaser/Strauss 1971, S.142 ff.

flussbarkeit mehrerer Statuspassagen auf und bezog diese auf junge Migrantinnen. Dabei stellte sie fest, dass es nicht nur zu einer Beeinflussung kommt, sondern dass diese als Phänomene untrennbar miteinander zusammenhängen, welche die Merkmale mehrerer Dimensionen umfassen. In dieser Mehrdimensionalität analysiert sie die Übergänge von der Schule in die Berufsbildung.[17]

Eine Statuspassage ist – so drückt es Erika M. Hoerning (1978) grob aus – ein Wendepunkt im Lebenslauf eines Individuums, deren Auswirkung, Ausmaß und Handhabung sozial geprägt sind. Sie kann durch unterschiedliche Ereignisse ausgelöst werden. Hoerning nennt dazu die Auswirkungen der Alterschronologie, sozialer Strukturen, einer Kombination dieser beiden sowie ungewünschter und ungeplanter Lebenseinschnitte. Hinzufügen lässt sich über 30 Jahre später zweifelsfrei auch die Migration und deren einzelne Phasen, wobei es sich dabei auch um eine oftmals gewünschte Veränderung der sozialen Strukturen handelt. In einer von ihr 1977 durchgeführten qualitativen Studie zum Besuch des „Zweiten Bildungsweges" unabhängig von MigrantInnen arbeitete sie dazu insgesamt drei Typen biographischer Ausgangsbedingungen heraus.[18] Interessant ist dabei, dass alle drei Typen die gleichen Schritte durchlaufen, wobei es indes zu unterschiedlichen Wahrnehmungen und Ausprägungen dieser Schritte kommt: Nach einer Abgrenzung gegenüber bestehenden Bezugsgruppen oder symbolischen Ereignissen, kommt es zum Aufbau einer neuen Zielvorstellung, deren Realisierung sukzessiv voranschreitet. Es folgt darauf die Identifikation mit dieser neuen Zielvorstellung und den damit verbundenen Bedingungen, was letztlich zu einer Realisierung dieser neuen Stoßrichtung in Form von konkreten Handlungsweisen führt.[19] Dieser Ablauf orientiert sich an der Entscheidung für einen Bildungserwerb. Damit eilt sie der Auffassung von Schittenhelm (2005) voraus, die eine Statuspassage als eine Phase begreift, die durch eine Loslösung von sozialen Strukturen und Orientierungen, über Such- und Identifizierungsmechanismen in einer gesellschaftlichen Neupositionierung endet.[20]

---

[17] vgl. Schittenhelm 2005, S.40 ff.
[18] 1. „Statuserhalter", die durch einen Abbruch einer Bildungsmaßnahme versuchen diesen nachzuholen und damit vor allem intendieren familiäre Bedürfnisse normativ zu erfüllen; 2. „Statuserwerber", die sich dem Erwerb von höheren Wissen und Können widmen und dabei auf empirische Erfahrungen von Bezugspersonen, wie Eltern, zurückgreifen und Prozesse mit diesen gemeinsam durchlaufen können; 3. „Statussucher", die aus einem aktuellen Status aufgrund fehlender Identifizierung – bspw. mit herkunftsfamiliären Vorstellungen – aussteigen und alternative Wege der Selbstverwirklichung einschlagen.
[19] vgl. Hoerning 1978, S.257
[20] vgl. Schittenhelm 2005, S.17 f.

Ein anderer Phasenablauf für den Wechsel von einer zur anderen Statuspassage findet sich bei Sarah Thomsen (2009) sowie bei Arnd Michael Nohl, Ulrike Selma Ofner und Sarah Thomsen (2010). Dieser bezieht sich auf die Migration und thematisiert vier Phasen: 1. Der „Migrationsvorlauf" beginnt mit der Entstehung eines Migrationsmotives, wobei sich diese ausdifferenziert in partnerschaftliche Orientierungen, Ameliorationsorientierungen, Qualifikationsorientierungen, Asylsuche und Explorationsorientierungen. 2. Die „Transitionsphase" umfasst die zeitliche Ausdehnung vom Entschluss das Herkunftsland zu verlassen bis zur Entscheidung zu bleiben, wobei Letzteres auch vom rechtlichen Status abhängig ist. Dabei hängt das Migrationsmotiv eng mit der Dauer der Transition zusammen, was sich bspw. an der langen rechtlichen Exklusion von Asylbewerbern zeigt. 3. Die rechtliche Inklusion markiert den Beginn der „Startphase", in der die MigrantInnen beginnen anhand ihrer gültigen Papiere, wie der Berechtigung zur Ausübung einer Erwerbstätigkeit (Arbeitserlaubnis), ihren neuen Lebensmittelpunkt zu festigen. Dabei bestimmen vor allem die migrationsbezogenen biografischen Orientierungen, was in dieser Phase passiert und welche ursprünglichen Migrationsorientierungen durch neue ersetzt werden. 4. Besteht eine feste Bleibeorientierung, so kann von der „Etablierungsphase" gesprochen werden. Diese ist fast immer sowohl von einem mehr oder weniger adäquaten Einstieg auf dem Arbeitsmarkt als auch von familialen Orientierungen in Form von Heirat und Nachwuchsplanung geprägt. Vorher bestehende Motive und Orientierungen können beibehalten, aber auch durch andere stärker wirkende ersetzt werden.[21]

Erfolgreicher Arbeitsmarkteinstieg

Spricht man von einem Arbeitsmarkteinstieg, und insbesondere von einem erfolgreichen, stellt sich die Frage, wie ein solcher aussehen muss. Schmolke (2010) versteht darin die Arbeitsmarktintegration als Kontinuum, „als gleichberechtigte Teilhabe und Herstellung von Chancengleichheit aller Beteiligten am Arbeitsmarkt"[22], in dem es vorrangig um die berufliche Positionierung geht, einem der entscheidendsten Indikatoren für eine gesamtgesellschaftliche Integration.[23] Genauer fassen dies Birgit Behrensen und Manuela Westphal (2009).

> „Wenn in der hier vorgelegten Studie von beruflichem Erfolg gesprochen wird, dann ist damit kein absolutes Maß gemeint. Vielmehr werden als beruflich erfolgreich diejenigen Migrantinnen

---

[21] vgl. Nohl/Ofner/Thomsen 2010, S.71 ff.; Thomsen 2009
[22] Schmolke 2010, S.18
[23] vgl. Schmolke 2010, S.18

> verstanden, die mehr erreicht haben als die Mehrheit der Migrantinnen mit vergleichbaren sozialstrukturellen Ausgangsvoraussetzungen."[24]

Dies besagt, dass es keine Kennzahlen von Einkommen oder Prestige der beruflichen Stellung gibt, sondern sich der erfolgreiche Arbeitsmarkteinstieg danach richtet, wie es gelingt, das eigene kulturelle Kapital wirksam einzusetzen und damit gegenüber einer imaginären Vergleichsgruppe eine bessere Arbeitsmarktpositionierung zu erreichen. Dabei spielt immer auch die Adäquanz zwischen Wissen und Können und der Beschäftigung eine Rolle. Ohne eine solche Verhältnismäßigkeit kann nur in sehr wenigen Fällen von einem erfolgreichen Arbeitsmarkteinstieg gesprochen werden.

---

[24] Behrensen/Westphal 2009, S.7

3. Theoretische Grundlagen

Es stellt sich zu Beginn dieses Kapitels die Frage, ob es einen theoretischen Zusammenhang zwischen Bildung und sozialer Herkunft auf der einen Seite und einer erfolgreichen Arbeitsmarktpositionierung inklusive aller Facetten der Anerkennung von Wissen und Können auf der anderen Seite gibt. So offen wie diese Frage kann auch der wissenschaftliche Diskurs gefasst werden.[25] Helmut Schelsky sah 1957 in der Bildung die ausschließliche Bedingung für einen Zugang zu Aufstiegschancen und räumte der Schule eine statusverleihende und statusreproduzierende Funktion ein, die darüber hinaus noch als Vormund der Elternschaft bei dieser Funktion agiert, was eine Beziehung zwischen sozialer Herkunft und Berufsstatus auflöste. Zudem betrachtete er die spezifische Schicht in der Statusfrage als vernachlässigbar, ja geradezu als Merkmal vergangener Klassengesellschaften.[26]

Die Diskussion darüber brachte sowohl Akzeptanz als auch Ignoranz hervor. Während weithin Zustimmung bestand, was die Schule als zentrale Dirigierungsstelle anging, wurde die Annahme der Unwirksamkeit von schichtspezifischen Merkmalen stark kritisiert. Ralf Dahrendorf (1957) stimmte Schelsky zu, mahnte aber, dass dieser Prozess erst langsam voranschreite und, dass die Verbindung zwischen Bildungserfolg und Berufsstatus enger wird. Gleichsam lockert sich das Verhältnis von sozialer Herkunft sowohl in Bezug auf den Bildungserfolg als auch auf den Berufsstatus.[27] Stärkere Kritik kam dagegen von Jean Floud (1959), der teilweise entgegengesetzt argumentierte, dass die Dependenz zwischen sozialer Herkunft und dem Bildungserfolg fortbestehe und so der Zusammenhang zwischen Herkunft und beruflichem Status enger wird.[28] Gleiches wurde auch später von Ulrich Oevermann (1972) unterstützt, der festhielt, dass die „traditionalen Kriterien immer noch von Bedeutung sind"[29], womit er die herkunftsspezifischen Merkmale ansprach. Gleichzeitig schließt er jedoch aufgrund einer objektiven Messung von Fähigkeiten und deren Etablierung als Leistungskennzeichen auf eine Abschwächung des Zusammenhanges von sozialer Herkunft und Bildungserfolg.[30] Um nun auf die Frage eine Antwort zu finden, beziehe ich mich auf die Theorie von Pierre Bourdieu, mache aber

---

[25] einen Überblick dazu liefern Müller/Mayer 1976, S.13-20
[26] vgl. Schelsky 1961, S.414 ff. (1957 erschien bereits die deutsche Fassung, welche hier jedoch nicht verfügbar war.)
[27] vgl. Dahrendorf 1957, S.64 ff.
[28] vgl. Floud 1959, S:
[29] Oevermann 1972, S.20 f.
[30] vgl. Oevermann 1972, S.20 f.

zunächst aus Argumentationsgründen einen Umweg zur Humankapitaltheorie, da diese Ansatz- und Kritikpunkt für Bourdieus Gedanken war.

Humankapitaltheorie

Die Theorie des Humankapitals entstand als wirtschaftswissenschaftliche Konzeption im Kontext ökonomischen Wachstums der 1960'er Jahre in den USA und wurde besonders von Theodore W. Schultz (1963) entwickelt. Ausgangspunkt waren dafür die unbefriedigenden Ergebnisse der Wirkungen eines Ausbaus der physischen Ressourcen. Alternative Denkrichtungen nahmen daher andere Faktoren in den Blick, wie die technologische Entwicklung und den Menschen als Ressource von Arbeit. Dieses wirtschaftswachstumsbezogene Verständnis von Humankapital wurde dann schnell von Gary S. Becker (1964) aufgelöst, der den Fokus auf die empirische und theoretische Analyse von Humankapital selbst richtete, wodurch das Konzept eine bildungsökonomische Bedeutsamkeit erfuhr.[31]

In einem der klassischsten Werke zur Humankapitaltheorie beschreibt Becker erstmalig im Jahr 1964[32] Handlungen die einen Einfluss auf monetäres und psychisches Einkommen durch eine größere Investition in die menschliche Arbeitskraft als Ressource bewirken. Unter solchen Investitionen versteht er vor allem schulische und berufliche Bildungsmaßnahmen, aber auch medizinische Versorgung, Migration zwischen nationalen und internationalen Arbeitsmärkten und die dauerhafte Informationsbeschaffung über Preise und Einkommen sowie Angebot und Nachfrage von Beschäftigungsmöglichkeiten. Damit werden Verbesserungen der Fähigkeiten, des Wissens sowie der Gesundheit erreicht, was sich letztlich auf das monetäre und psychische Einkommen positiv auswirkt. Dabei werden weniger die momentanen Erträge fokussiert, als vielmehr die Erträge, welche sich über einen längeren Zeitraum ergeben, wobei sich die Forschung dabei vorrangig auf monetäre Erträge bezieht, da für psychische Einkünfte vor allem geeignete Messgrößen fehlen. Dieser Umstand macht die Humankapitaltheorie zu einer Anwendung der Kapitaltheorie auf die menschliche Arbeitskraft.[33]

Die Humankapitaltheorie geht in ihrer Grundauffassung von einem neoklassischen Modell mit einem vollkommenen Wettbewerb sowie der Entlohnung der

---

[31] vgl. Krais 1983, S.200 f.
[32] Hier wurde auf die dritte Auflage aus dem Jahr 1993 zurückgegriffen, jedoch unter Berücksichtigung eventueller Textbestandteile explizit zur ersten Auflage.
[33] vgl. Becker 1993, S.11; Krais 1983, S.201 f.

Produktionsfaktoren nach deren Produktivität aus. Allerdings grenzt sie sich dem gegenüber von einem homogenen Verständnis von Arbeit ab, das variabel austauschbar ist, und betrachtet Humankapital als einzigartiges Vorkommnis, welches vornehmlich durch die Investition in Bildung das Wissen und Können eines Individuums modifiziert und so die Produktivität der Arbeitskraft bestimmt. Als solche Investitionen werden schulische und arbeitsbezogene Lernprozesse verstanden, womit sowohl der Bereich vor dem Arbeitsleben als auch währenddessen als parallel dazu laufende Maßnahmen berücksichtigt werden. Unterschiedliche Investitionen in das Humankapital bedingen durch deren unterschiedliche Produktivität im Prozess der Arbeit auch Unterschiede in der Entlohnung, was impliziert, dass es zu Chancenungleichheiten kommt. Zwar wirken sich die für die Entlohnung maßgeblichen formellen und informellen Investitionen grundsätzlich positiv aus, doch müssen auch Faktoren berücksichtigt werden, die wie das steigende Alter und die damit einhergehende sinkende Produktivität eine tendenzielle Abnahme der Entlohnung bedingen. Ohne die diversen Studien hier anzuführen, die dazu unternommen wurden, ist hier jedoch auf einen Aspekt hinzuweisen. Es konnte gezeigt werden, dass eine Investition in den Schulbesuch mit steigender Dauer zu einem Sinken der Ertragsrate führt. In den ersten Jahren steigt zwar die Ertragsrate, fällt aber mit jedem weiteren Jahr, sodass aus dieser Überinvestition kein Profit gezogen werden kann.[34]

Kritisch lässt sich hier anführen, dass die Humankapitaltheorie ausschließlich das betrachtet, was der Einzelne investieren und später anbieten kann. Völlig außer Acht wird dabei aber die Nachfrage gelassen, d.h. der Messwert, der angibt, welches Kapital benötigt wird. Die Verwertung des Kapitals kann aber nur unter Berücksichtigung des tatsächlichen produktiven Nutzens erfolgreich sein sowie den dafür bestimmenden Rahmenbedingungen. Der Ignoranz gegenüber der Nachfragekomponente lässt die Erklärungen der Humankapitaltheorie unvollständig zurück.[35]

Dennoch kann die Humankapitaltheorie als Wendepunkt in der wissenschaftlichen Diskussion um die Erklärung wirtschaftswissenschaftlicher Phänomene und deren Zugang angesehen werden. Zudem konnte es fachgebietsübergreifend durch die Benennung der Chancenungleichheit als Ergebnis unterschiedlicher Investitionen in Humankapital und deren Erträgen eine erste Erklärung dazu liefern.

Kapitaltheorie nach Bourdieu

---

[34] vgl. Krais 1983, S.202
[35] vgl. Krais 1983, S.204 f.

An diesen Annahmen der Humankapitaltheorie setzt Pierre Bourdieu seine eigene Kapitaltheorie an. Erstmals schreibt Bourdieu 1981 in seinem Werk „Titel und Stelle"[36] von einem Zusammenhang zwischen kulturellem Kapital und der gesellschaftlichen Positionierung. Bourdieu benutzt dazu einen Kapitalbegriff, der als angesammelte Arbeit, sowohl in materieller als auch in immaterieller, inkorporierter Form, zu verstehen ist. Dieses Kapital ist sowohl in den objektiven Strukturen, d.h. jenen, die aus der Ungleichverteilung verschiedener Kapitalformen resultieren, als auch in den subjektiven Strukturen, d.h. jenen, die den Habitus eines Individuums oder einer Klasse ausmachen, vorhanden. Zuletzt ist es aber auch Bestandteil der sozialen Regelmäßigkeiten. Das Kapital kann sowohl Profite erzielen, als auch sich selbst reproduzieren und sich in dem Maße akkumulieren, wofür jedoch Zeit benötigt wird. Die Verteilung von Kapital bildet die Struktur der sozialen Welt ab, deren Zwänge darüber entscheiden, welches Kapital erfolgreich und profitabel ist. Dies impliziert bereits, dass zu keiner Zeit gleiche Kapitalakkumulationen vorhanden sind, was wiederum eine herrschende Chancenungleichheit bedeutet.[37]

Das Kapital dient bei Bourdieu als Identifizierung der gesellschaftlichen und objektiven, materiellen Lage von Individuen und Klassen sowie deren Kennzeichnung. Er nennt dazu drei grundlegende Arten von Kapital – ökonomisches, kulturelles und soziales – und führt damit im Vergleich zur Humankapitaltheorie zwei weitere ein. So kritisiert er, dass sich die „Wirtschaftstheorie (...) ihren Kapitalbegriff von einer ökonomischen Praxis aufzwingen lassen"[38] hat, der zudem noch auf bloßen Warenaustausch und Profitmaximierung ausgerichtet ist und nur dem wirtschaftlichen Eigennutz dient. Dies unterläuft letztlich alle anderen weiteren Formen sozialen Austausches und erklärt diese „zu nicht-ökonomischen, *uneigennützigen* Beziehungen"[39]. In diesem Sinne deckt die Wirtschaftswissenschaft nicht die Gesamtheit der ökonomischen Prozesse ab. Bourdieu fordert dagegen eine Berücksichtigung aller Erscheinungsformen von Kapital und Profit sowie eine Regelung, wie diese ineinander transformiert werden können.[40] Diese Forderung erfüllt seine Theorie.

Charakteristisch für seine Konzeption der drei Arten ist, dass diese gegenseitig ineinander transformierbar sind. Dabei ist das ökonomische Kapital dominant, was

---

[36] Aufgrund eines fehlenden Zugangs zu diesem Werk, greife ich stattdessen auf sein 1992 erschienenes Werk „Die verborgenen Mechanismen der Macht" zurück, welches die Thematik aufgreift und erweitert.
[37] vgl. Bourdieu 1992, S.49 f.; Krais 1983, S.210
[38] Bourdieu 1992, S.50
[39] Bourdieu 1992, S.50 f., Hervorhebungen im Original
[40] vgl. Bourdieu 1992, S.50 ff.

bedeutet, dass sich das kulturelle und das soziale Kapital unter bestimmten Voraussetzungen davon ableiten lassen.

Das kulturelle Kapital ist in drei Formen existent. Zuerst ist es in verinnerlichter, inkorporierter Form ein stetig anhaftender Teil des Organismus, was durch diese Körpergebundenheit einen Verinnerlichungsprozess voraussetzt. Dieser kostet vor allem Zeit, welche das Individuum persönlich investieren muss. Neben zeitlichen Investitionen müssen zusätzliche „Entbehrungen, Versagungen und Opfer"[41] in Kauf genommen werden, um eine Akkumulation inkorporierten kulturellen Kapitals zu gewährleisten. Diese Ansammlung kann zum einen maßgeblich mit der Dauer des Bildungserwerbes, zum anderen aber auch anhand der familiären Erziehung im frühen Alter bewerkstelligt werden. Letzteres muss jedoch in einem positiven Kontext zum Bildungserwerb stehen, d.h. die Erziehung muss das leisten, was in der Schule nachgefragt wird, andernfalls verliert das Individuum erstens durch die Verschwendung und zweitens durch die Wiedergutmachung des Falschgelernten im doppelten Sinne Zeit. Gerade diese Korrektur zeigt deutlich, dass es sich beim inkorporierten Kulturkapital um "ein Besitztum [handelt; MB], das zu einem festen Bestandteil der ‚Person', zum Habitus geworden ist"[42]. Eine kurzfristige Weitergabe durch Schenkung, Vererbung, Kauf oder Tausch ist dabei unmöglich. Das Individuum und sein inkorporiertes kulturelles Kapital verschmelzen zu einer einzigartigen biologischen Verbindung, welche impliziert, dass die Weitergabe „auf dem Weg der sozialen Vererbung (…) [stattfindet; MB], was freilich immer im Verborgenen geschieht und häufig ganz unsichtbar bleibt"[43]. Beispiele für eine solche Form kulturellen Kapitals können die unterschiedlichen Aneignungsprozesse von Sprache oder generell formuliert ein konjunktives Erfahrungswissen sein, welches sich aus dem Milieu heraus bildet.

Die zweite Form ist das institutionalisierte kulturelle Kapital, das durch eine „Objektivierung von inkorporiertem Kulturkapital in Form von Titeln"[44] entsteht und vorliegt, wodurch eine Beschränkung auf die biologische Hülle des Individuums ausgehebelt wird. Dieses Kulturkapital bietet dem Träger nicht nur einen glaubwürdigen Beweis seines (inkorporiertem) Wissens, sondern dient zudem noch als rechtliche Garantie dafür. Aus dieser Garantie entsteht abhängig von den gesellschaftli-

---

[41] Bourdieu 1992, S.55
[42] Bourdieu 1992, S.56
[43] Bourdieu 1992, S.57
[44] Bourdieu 1992, S.61

chen Rahmenbedingungen ein Wert, der sich sowohl unabhängig von der Persönlichkeit des Trägers als auch dem tatsächlichen Kulturkapital ergibt.[45] Dieser Wert des kulturellen Kapitals ist direkt mit dem ökonomischen Kapital verbunden, d.h. der Wert des Titels ist „unauflöslich mit dem Geldwert verbunden, für den er auf dem Arbeitsmarkt getauscht werden kann"[46]. Allerdings unterliegt dieser Titel auch seinem Seltenheitswert, wodurch es möglich ist, dass sich der Marktwert nicht in dem Maße rentiert und weniger profitabel ist als vorher angenommen wurde. Während bei der Umwandlung von ökonomischen in kulturelles Kapital der Wechselkurs noch hoch war, kann dieser sich durch gesellschaftliche, technologische, demografische etc. Faktoren verändern. Er ist also abhängig von der Nachfrage des Marktes. Erwähnenswert ist auch die von Bourdieu angebrachte kollektive Magie. Diese sagt aus, dass einem Titel Eigenschaften und Ideale zugeschrieben und diese von der Gesellschaft und der Institution anerkannt werden. Diese Zuschreibungen grenzen die einzelnen Titel voneinander ab und konstruieren diese somit zu einer Hierarchie. Titel derselben Zuschreibungen und Bezeichnungen sind identisch und ermöglichen es somit bspw. innerhalb von Organisationen einen adäquaten Austausch der jeweiligen Träger vorzunehmen.[47]

Die dritte Form bezeichnet das objektivierte Kulturkapital. Darin sind alle kulturellen Manifestationen zu sehen, die kulturelles Kapital beinhalten, wie z.B. Bücher, Gemälde, Denkmäler, Filme, Maschinen, Artefakte etc. Diese lassen sich im Sinne juristischen Eigentums materiell übertragen, was ökonomisches Kapital voraussetzt. Die Grenzen der Übertragbarkeit liegen aber in der symbolischen „Verfügung über die kulturelle Fähigkeit"[48], um jene auch gebrauchen, genießen und verstehen zu können. Ein Buch zu besitzen ohne Lesen zu können, eine Maschine zu führen ohne deren Funktion zu verstehen oder ein Denkmal zu betrachten ohne dessen Hintergrund zu kennen, lassen den bloßen symbolischen Besitz kulturell gesehen sinnlos erscheinen. Es ist dafür inkorporiertes Kulturkapital notwendig, welches wie oben beschrieben erworben und übertragen werden kann.[49]

Die Umwandlung von ökonomischen in kulturelles Kapital setzt zunächst einmal ein gewisses Maß an Zeit voraus, das investiert werden muss und erst durch das

---

[45] Beispielhaft dafür sind Pseudoärzte, die sich mithilfe gefälschter Papiere jahrelang als solche ausgeben und auch erfolgreich praktizieren.
[46] Bourdieu 1992, S.62
[47] vgl. Bourdieu 1992, S.61 ff.
[48] Bourdieu 1992, S.59
[49] vgl. Bourdieu 1992, S.59 ff.

ökonomische Material ermöglicht wird. Da das kulturelle Kapital in der Familie weitergegeben wird, spielt dabei die Zeit eine Rolle, die dafür zur Verfügung steht. In der Familie vorhandenes ökonomisches Kapital vergrößert dabei nicht nur den Zeitraum für die Weitergabe, sondern schiebt auch den Eintritt in den Arbeitsmarkt hinaus, wodurch eine weitere Anhäufung kulturellen Kapitals möglich ist, bspw. in der Aufnahme eines Universitätsstudiums. Eine Garantie für einen erfolgreichen Ertrag daraus gibt es nicht. Die Übertragung von kulturellem Kapital findet im Gegensatz zum ökonomischen Kapital wesentlich verschleierter statt. Ein Zustand der auf dem Arbeitsmarkt keinen Profit bringt. Daher muss sich dieses Kulturkapital mithilfe von Akkreditierungsverfahren des Schulsystems in einen offiziellen Titel umwandeln, welcher dann den legitimen Zugang zu Positionen und Eliten ermöglicht.[50]

Neben dem ökonomischen und kulturellen Kapital gibt es eine dritte Form. Das soziale Kapital umfasst alle gegenwärtigen und möglichen „Ressourcen, die auf der Zugehörigkeit zu einer Gruppe beruhen"[51]. Die Beziehungen innerhalb der Gruppe existieren ausschließlich auf der Basis von ständig reproduzierten Tauschbeziehungen, sowohl materiell als auch symbolisch. Zudem können solche Gruppen auch institutionalisiert und garantiert werden, bspw. als Träger eines gemeinsamen Namens oder Mitglieder einer gemeinsamen Organisation. Die Ausprägung des Sozialkapitals richtet sich zum einen nach der Größe des sozialen Netzwerkes und der Fähigkeit eines Individuums, dieses zu nutzen, und zum anderen nach dem Ausmaß an ökonomischen, kulturellen und sozialen Kapitals derjenigen, mit denen er soziale Beziehungen eingeht. Es spielt also nicht nur eine Rolle, was der Einzelne leisten kann, sondern auch was die ihn umgebende Gruppe zu bieten hat. Um dieses nutzen zu können, muss eine gewisse Homogenität zwischen den Beziehungspartnern bestehen, die bspw. auf einem ähnlichen ökonomischen oder kulturellen Kapital beruhen kann. Es kommt demnach nur zur Bildung von Sozialkapital, wenn das Individuum anhand dieser Eigenschaften von der Gruppe anerkannt wird. Aus einer Zugehörigkeit zu solch einer Gruppe ergeben sich sowohl materielle Profite in Form von Gefälligkeiten als auch symbolische Profite in Form von Ansehen, Prestige und letztlich auch Macht. Für die ständige Produktion und Reproduktion dieser Beziehungen sind Institutionalisierungsstrategien notwendig, die „früher oder später einen

---

[50] vgl. Bourdieu 1992, S.74
[51] Bourdieu 1992, S.63

unmittelbaren Nutzen versprechen"[52]. Dazu zählen auch sog. Zufallsbeziehungen z.B. zu Nachbarn oder Kollegen, welche in besondere Beziehungen transformiert werden und in deren Folge reziproke Verpflichtungen entstehen. Um diese Beziehungen aufrecht halten zu können, müssen die darin ablaufenden Austauschprozesse ständig anerkannt und bestätigt werden. Dass es dabei zur Verausgabung von ökonomischem Kapital und Zeit kommt, ist notwendig. Damit dieser Einsatz am Ende auch rentabel ist, muss der Einzelne in die Kompetenz investieren, mit der er verwandtschaftliche Zusammenhänge und tatsächliche Beziehungen erkennt und weiß, diese zu nutzen. Diese Fähigkeit erhöht den Ertrag des Sozialkapitals maßgeblich.[53]

Die Umwandlung von Sozialkapital in ökonomisches Kapital bedarf grundsätzlich eines hohen Einsatzes von Fürsorge, Engagement und Aufmerksamkeit, wodurch der monetäre Bedeutungsgehalt der Beziehung ignoriert wird. Obgleich das Investment in diese Beziehung wesentlich höher ist als der momentane Profit, stellt es auf kurz oder lang eine zuversichtliche und sichere Investition dar, um sowohl monetäre als auch nicht-monetäre Profite zu erhalten. Allerdings muss sich dieser Austausch bereits lange etabliert und immer wieder reproduziert haben.[54]

Humankapital vs. Bourdieu

Es ist nicht zu übersehen, dass Bourdieu die Humankapitaltheorie als Ansatzpunkt für seine eigene Denkrichtung benutzt, was sich aus einigen Gemeinsamkeiten ergibt. Beide Theorien folgen erstens der Annahme, dass es nur durch eine Investition in symbolische, nichtmaterielle Objekte zu einem Ertrag kommt. Zweitens wird eine solche Investition vorrangig in Schulbildung getätigt, was folglich eine Investition in kulturelles Kapital darstellt. Dieses kulturelle Bildungskapital muss drittens in einem Individuum inkorporiert sein, damit dieses genutzt werden kann. Beide folgen demzufolge viertens auch der Analogie zwischen ökonomischem und kulturellem Kapital.[55]

Weiter oben habe ich bereits den zentralen Kritikpunkt Bourdieus angeführt, der sich auf das Verständnis des Kapitalbegriffes bezog. Ein weiterer Unterschied ist, dass sich Bourdieu davor hütet, eine Koppelung zwischen Investition, Produktivität und Einkommen vorzunehmen. Er sieht dagegen den Bildungstitel als maßgebliches

---

[52] Bourdieu 1992, S.65
[53] vgl. Bourdieu 1992, S.63 ff.
[54] vgl. Bourdieu 1992, S.63 ff.
[55] vgl. Krais 1983, S.211 f.

und einkommensbestimmendes Kriterium an, gleich, ob dieser dem beschriebenen Wissen und Können tatsächlich entspricht. Die wirtschaftliche Position ist unabhängig von der eigentlich erworbenen Fähigkeit. Einzig der Bildungstitel weist der Person auf dem Markt eine Position zu, welche durch den Seltenheitswert noch an beruflicher und gesellschaftlicher Attraktivität gewinnt und so die soziale Rangordnung strukturiert. Für die Bestimmung dieses Wertes ist die Nachfrage des Marktes verantwortlich. Der daraus entstehende Ertrag ist jedoch im Gegenteil zur Humankapitaltheorie nicht immer monetärer Art, sondern nimmt auch symbolischen Charakter an, wie die soziale Selbstbehauptung und der soziale Aufstieg.[56]

Anders als die Humankapitaltheorie betrachtet Bourdieu die Investition in schulisches Bildungskapital als nicht bedingungslos. Eine Grundvoraussetzung dafür ist die Weitergabe kulturellen Kapitals in der Familie, welches durch die Bildung erweitert und gefestigt und durch die Bildungsinstitution sanktioniert und verschleiert wird.[57]

Zuletzt legt Bourdieu einen Schwerpunkt auf die Art und Weise, wie sich die verschiedenen Arten von Kapital ineinander transformieren lassen, da es so zu einer multiplikativen Wirkung dieser kommen kann. Damit zeigt er auch, dass gleiche Bildungsabschlüsse keine identischen Erträge leisten können, da eine soziale Beziehung zu elitären Kreisen weitaus höhere Positionen ermöglichen kann.[58]

Es ist hier ersichtlich geworden, dass Bourdieu der Schritt weg von den rein ökonomischen hin zur gesamtgesellschaftlichen Tragweite von Kapital gelingt. Daher wird seine Theorie in dieser Arbeit weiter verfolgt.

Kulturelles Kapital und Statuspassagen

Die zentrale Frage an dieser Stelle muss lauten, wie und wodurch erworbenes Wissen und Können auf dem Arbeitsmarkt verwertet werden kann, das durch Erziehung und Bildung erlangt wird. Dabei muss festgehalten werden, dass nicht alles Wissen und Können automatisch kulturelles Kapital darstellt. Letztlich bestimmt der Markt den Wert dessen und somit auch den Kapitalcharakter. Um überhaupt in die Situation einer Verwertung kommen zu können, muss das Individuum einen Statusübergang vollziehen, ob gewünscht oder unerwünscht, ob bewusst oder unbewusst

---

[56] vgl. Krais 1983, S.212 f.
[57] vgl. Krais 1983, S.213
[58] vgl. Krais 1983, S.213

etc.[59] Dieser Wechsel ist jedoch nicht ohne Konkurrenz zu sehen, denn der Markt dient Allen als Ort der sozialen Begegnung und als Schlachtfeld um die besten Positionen. Ungewissheiten der Verwertbarkeit bspw. aufgrund zeitlicher und bedarfsbezogener Verschiebungen und generelle Unsicherheiten sind Merkmale dieses Aufeinandertreffens.

Der Weg in einen neuen Status muss dabei mit Schittenhelm (2005) mehrdimensional betrachtet werden. Neben der Analyse von Bildung und Erziehung, steht zudem der Migrationsprozess und seine Phasen als wichtiges Kriterium im Raum. Nohl/Schittenhelm/Schmidtke/Weiß (2010) bringen zusätzlich die Dimension des partnerschaftlichen und familienbezogenen Lebensverlaufes in die Diskussion ein.[60]

Es kann dabei zu einer völlig neuen Bewertung des kulturellen Kapitals kommen. Hier spielen nicht nur der Bedarf des Arbeitsmarktes eine Rolle, sondern auch und in vielen Fällen deutlich mehr die rechtlichen Beschränkungen und Vorgaben. Zudem werden Akkreditierungsverfahren auf die Probe gestellt, welche zusätzlich institutionelles kulturelles Kapital entwerten können. Neben diesen teils manifesten Faktoren sind es aber vor allem auch informelle und unscheinbare Prozesse, die auf einer höheren Ebene aushandeln, inwiefern Erwartungen an einen Status bestehen und wie sich diese letztlich in Form von Titeln oder Zeugnissen zertifizieren lassen.

> *„Bildung, Wissen und Können sind nicht einfach kulturelles Kapital, sondern bezeichnen eine – gesellschaftlichen und historischen, aber auch biographischen Veränderungen unterworfene – Relation zwischen den Erwartungen des Arbeitsmarktes einerseits und dem, womit man im Bildungssystem ausgestattet wurde und wird."*[61]

---

[59] siehe dazu die Eigenschaften einer Statuspassage nach Glaser/Strauss im Kapitel 2
[60] vgl. Nohl/Schittenhelm/Schmidtke/Weiß 2010, S.11
[61] Nohl/Schittenhelm/Schmidtke/Weiß 2010, S.13

4. MigrantInnen auf dem deutschen Arbeitsmarkt

Dieses Kapitel soll die Hinführung zum Forschungsgegenstand widergeben und wichtige Rahmenbedingungen aufzeigen. Dazu werde ich beginnend unter 4.1. einen kurzen historischen Abriss der Zuwanderung von Ausländern sowie den politischen Gegebenheiten und Denkrichtungen in Deutschland geben. Anschließend sollen unter 4.2. anhand des Aufenthaltsgesetzes verschiedene Typen des Aufenthaltsstatus skizziert werden, gefolgt von einem statistischen Überblick über die bildungsbiographische Zusammensetzung der Migrationsbevölkerung in Deutschland unter 4.3. Im letzten Abschnitt 4.4. werde ich einen Auszug aus bestehenden Studien zum Thema „Migration, Bildung, Arbeitsmarkt" geben.

4.1. Entwicklung der Zuwanderung und Migrationspolitik in Deutschland

Deutschland hat sich seit der industriellen Entwicklung und dem damit verbundenen erhöhten Bedarf an vor allem kostengünstigen Arbeitskräften aus dem Ausland zu einem Immigrationsland gewandelt, was sich auch zwischen den beiden Weltkriegen fortsetzte und die deutsche Rüstungsindustrie ermöglichte. Nach dem Zweiten Weltkrieg herrschte in Deutschland ein großes Kommen und Gehen, d.h. dass sowohl Viele Deutschland verließen, aber auch Viele – und zwar sehr Viele – nach Deutschland migrierten.[62]

Ausgehend vom Wirtschaftswunder in Deutschland in den 1950'er Jahren, erhöht sich die Nachfrage des Marktes nach Arbeitskräften. Daraufhin werden ab 1960 Anwerbeverträge mit Ländern, wie Spanien, Griechenland, Türkei, Portugal etc. geschlossen, woraus sich die sog. Arbeitsmigration ergibt. Die „Gastarbeiter"[63] wurden dabei vor allem in unattraktiven und unterbezahlten Stellen eingesetzt. Die Politik setzte in dieser Zeit auf ein Rotationsprinzip, welches den Aufenthalt von „Gastarbeitern" befristete und am Ende dieser Zeit durch neue, „unverbrauchte Gastarbeiter" ersetzte. Im Jahr 1973 wurden dann die Anwerbeverträge beendet. Viele ArbeitsmigrantInnen hatten jedoch durch eine Lockerung der Rotationspolitik und der damit verbundenen einfacheren Verlängerung des Aufenthaltes längst ihre Familien nachgeholt und blieben in Deutschland, was sowohl für die Politik als auch für den Arbeitsmarkt eine große Herausforderung darstellte.[64]

---

[62] vgl. Mecheril 2004, S.27
[63] zur Diskussion des Begriffes „Gastarbeiter" vgl. Mecheril 2004, S.34 f.
[64] vgl. Mecheril 2004, S.32 ff.

Seit den 1990'er Jahren hat sich eine neue politische Sichtweise etabliert. Während es in den 1960'er Jahren noch um billige und einfache Arbeiter ging, wurde nun aufgrund der gestiegenen technologischen Entwicklungen und den größer gewordenen Einflüssen der Wissenschaft auf die Gesellschaft zunehmend nach Hochqualifizierten Ausschau gehalten. Um weiterhin wettbewerbsfähig zu bleiben und den Wohlstand zu sichern, fokussierten sich Politik und Markt auf das Humankapital, also die menschliche Ressource als Arbeitskraft und als demographischen Dämpfer.[65] Durch Maßnahmen wie der Greencard-Initiative zwischen 2000 und 2004 sollte vor allem dem gestiegenen IT-Fachkräftebedarf Rechnung getragen werden. Bis Juli 2004 kamen insgesamt 14.876 Fachkräfte im Rahmen dieses Programmes nach Deutschland, über 5.000 weniger als eingeplant. Davon waren mehr als ein Drittel aus Osteuropa und ein Viertel aus Indien. Ein Grund für die geringere Zahl an MigrantInnen war besonders der seit 2002 einsetzende Rückgang des IT-Sektors. Auch wenn die Initiative nicht den erwarteten quantitativen Erfolg hatte, so stellte sie dennoch gerade für kleine und mittlere Unternehmungen einen großen Erfolg dar, da diese den Löwenanteil von 75% aller Genehmigungen beantragten und erhielten. Des Weiteren entstand damit ein neues Bild von Ausländern und Zuwanderungspolitik in der öffentlichen Debatte.[66]

Das Auslaufen der Initiative hatte lediglich im 2005 in Kraft getretenen „Zuwanderungsgesetz" oder „Gesetz über den Aufenthalt, die Erwerbstätigkeit und die Integration von Ausländern im Bundesgebiet" (kurz: Aufenthaltsgesetz oder AufenthG) eine Art Nachfolger, aus dem ich im Folgenden drei Typen der Aufenthaltstitel darstellen werde.

4.2. Rechtliche Bedingungen der Eingliederung von MigrantInnen in den Arbeitsmarkt anhand des Aufenthaltsstatus

Das „Aufenthaltsgesetz" gilt seit 2005 und trat mit vielen Veränderungen an die Seite des bis dahin ausschließlich geltenden Ausländergesetzes. Das AufenthG bezieht sich auf Ausländer, die im Sinne des §116 Grundgesetz (GG) keine Deutschen sind. Damit sind nach §2 AufenthG u.a. alle in Deutschland Lebenden gemeint, die nicht die deutsche Staatsangehörigkeit besitzen. Ohne alle Normen auch nur ansatzweise darstellen zu wollen, beschränke ich mich auf drei Typen des Aufenthaltsstatus nach §4 AufenthG, welche hierarchisch aufeinander aufbauen: Visum, Aufenthaltserlaub-

---

[65] vgl. Mecheril 2004, S.27 ff.
[66] vgl. Kolb 2005, S.2

nis und Niederlassungserlaubnis. Ein solcher Aufenthaltstitel ist sowohl für die Einreise als auch für den Aufenthalt in Deutschland erforderlich und beinhaltet je nachdem unterschiedliche Berechtigungen und Auflagen.

§6 AufenthG regelt den Aufenthalt mit einem *Visum*. Neben Flughafentransitvisa können Ausländer Schengen-Visa für die Durchreise durch die Schengen-Staaten von maximal drei Monaten erhalten, welche unter bestimmten Voraussetzungen um dieselbe Dauer verlängert werden können. Für einen generell längeren Zeitraum wird ein nationales Visum benötigt. Es gelten dabei die Vorschriften der anderen Aufenthaltstitel.

Eine *Aufenthaltserlaubnis* ist nach §7 AufenthG ebenfalls ein befristeter Aufenthaltstitel, jedoch ohne bestimmten Zweck des Aufenthaltes. Eine Erteilung und Verlängerung (§8 AufenthG) dieses ist maßgeblich von dem Engagement des Einzelnen zur Integration in das gesellschaftliche und soziale Leben abhängig. Hierunter zählen bspw. die Teilnahme an einem Integrationskurs oder der Nachweis, dass die Integration anderweitig erfolgte.

Im Gegensatz dazu ist nach §9 AufenthG eine *Niederlassungserlaubnis* unbefristet und berechtigt zur Ausübung einer Erwerbstätigkeit. Aufgrund dieser Berechtigung unterliegt die Erteilung jedoch entscheidenden Voraussetzungen, welche im §9 Abs.2 AufenthG aufgelistet sind. Beschleunigt werden kann die Erteilung dagegen, sofern der Ehegatte bereits die notwendigen Beiträge in die Rentenversicherung eingezahlt hat. Dies gilt ebenso, wenn sich der Antragsteller in einer Ausbildung befindet, aus der ein schulischer, beruflicher oder universitärer Abschluss hervorgeht. Der Antragsteller erhält damit automatisch eine *Niederlassungserlaubnis*.

Wie unter 4.1. bereits erwähnt, gilt dieses Gesetz als Nachfolger der Greencard-Initiative. Dies wird vor allem im § 19 AufenthG deutlich, der die Erteilung einer *Niederlassungserlaubnis für Hochqualifizierte* regelt. Hiernach kann unter Zustimmung durch die Bundesagentur für Arbeit und den Voraussetzungen, dass sowohl die Integration als auch die soziale wie finanzielle Absicherung durch den Antragsteller selbst gewährleistet werden kann, ein unbefristeter Aufenthaltstitel erteilt werden. Unter den Begriff der Hochqualifizierten fallen insbesondere „1. Wissenschaftler mit besonderen fachlichen Kenntnissen, 2. Lehrpersonen in herausgehobener Funktion oder wissenschaftliche Mitarbeiter in herausgehobener Funktion oder 3. Spezialisten und leitende Angestellte mit besonderer Berufserfahrung, die ein Gehalt in Höhe von mindestens der Beitragsbemessungsgrenze der allgemeinen Rentenversicherung erhalten"[67]. Diese eher oberflächliche Bezeichnung lässt viel Spielraum und macht Platz für prekäre Ungleichbehandlungen, da bspw. eine Einschätzung der Besonderheit von fachlichen Kenntnissen äußerst subjektiv erscheint. „Hochqualifiziert" meint in diesem Gesetz nicht die Qualifizierung auf akademischem Niveau, sondern wird insgeheim gemessen an den aktuellen Nachfragen des Marktes und der Politik. Nichtsdestotrotz stellt es den formalen Rahmen für eine Erleichterung der Aufenthaltsregelung von Spezialisten dar.

Um generell ein Beschäftigungsverhältnis in Deutschland aufnehmen zu dürfen, wird also eine *Niederlassungserlaubnis* benötigt. Eine eigenständige Erlangung dieser ist mit hohen zeitlichen Einbußen verbunden, wodurch auch existenzielle Problemlagen entstehen können, vor allem wenn eine Verantwortung für eigene im Herkunftsland geborene Kinder besteht. Daher greifen, so wird es diese Studie zeigen, viele MigrantInnen zu einer relativ schnellen, ehelichen Bindung mit Einheimischen oder zumeist MigrantInnen derselben Herkunft[68], die jedoch schon eine lange Zeit in Deutschland leben und die Erfordernisse erfüllen. Damit lässt sich auf einfache und schnelle Art und Weise ein unbefristeter Aufenthaltsstatus erlangen. Dass es durch dieses „Schlupfloch" auch zu illegalen Scheinehen kommen muss, ist immanent. Zwar existieren dazu keine amtlichen Statistiken, doch kann anhand der Ehescheidungszahlen ausgemacht werden, dass 2008 der Anteil der Ehescheidungen in den ersten vier Jahren bei nur 11,7% lag.[69] Von einer massenhaften Schließung von Scheinehen brauch demnach nicht ausgegangen werden, was sich auch in den hier erhobenen Interviews so abzeichnete.

4.3. Statistischer Überblick über die bildungsbiographische Zusammensetzung und Arbeitsmarktpositionierung der Migrationsbevölkerung in Deutschland

Neben dem qualitativen Teil dieser Arbeit, soll auch eine kurze quantitative Analyse aufgeführt werden. Hierbei war es Ziel, anhand amtlicher Statistiken diejenigen MigrantInnen abzubilden, die im Alter zwischen 25 und 55 Jahren sind, ihre gesamte berufliche Ausbildung in ihrem Herkunftsland absolvierten und erst danach nach Deutschland migrierten. Es musste dazu ersichtlich sein, welcher Abschluss –

---

[67] vgl. § 19 Abs 2 AufenthG
[68] 2009 lag der Anteil an Ehen, in denen beide Partner auch dieselbe Herkunft hatten bei 92%, gemessen an allen zwischen Ausländern geschlossenen Ehen. Diese nahmen jedoch gerade einmal 6% von allen geschlossenen Ehen ein. (vgl. Weinheim/Rübenach 2010)
[69] vgl. Krack-Roberg 2010, S.1201

heruntergebrochen auf das deutsche System – wo erworben wurde, um damit eindeutig die hier definierten Bildungsausländer zu identifizieren. Damit sollte die hier untersuchte Gruppe auch quantitativ erhoben werden.

Allerdings existierten keine Daten, die diese Gruppe und die angegebenen Kategorien erhoben haben und widergeben. Um dennoch die bildungsbiographische Landschaft unter MigrantInnen darzustellen, beziehe ich mich auf den Mikrozensus 2010. Dieser erhebt zumindest alle MigrantInnen mit eigenen Migrationserfahrungen und die jeweiligen Abschlüsse. Zwar sind darin auch die Daten für diejenigen enthalten, die in sehr jungem Alter nach Deutschland migrierten und hier ihre berufliche Ausbildung ablegten, aber eben auch diejenigen, welche dies im Ausland taten. Dies ist aber gerade deshalb wieder interessant, da somit diese gesamte Gruppe in einer inneren Konkurrenz für die besten Positionen auf dem Markt betrachtet werden kann. Der Mikrozensus 2010 ist zudem gegenüber den Erhebungen der Bundesagentur für Arbeit vorzuziehen, da dieser im Gegensatz zu Letzteren nicht die Dimension „Ausländer", sondern die entscheidendere des „Migrationshintergrundes" thematisiert, d.h. dass der Mikrozensus auch diejenigen berücksichtigt, die Migrationserfahrungen besitzen, aber vielleicht schon immer eine deutsche Staatsangehörigkeit inne haben oder diese nach der Migration erhielten.

Die Daten fasse ich soweit zusammen, dass ausschließlich die Daten für diejenigen Bevölkerungsgruppen dargestellt werden, welche in den Interviews repräsentiert werden. D.h. ich beziehe mich in der Dimension „Alter" auf die 25- bis 55-Jährigen, die in der Dimension „Migrationshintergrund" auf eigene Migrationserfahrungen zurückgreifen können. Zudem beziehe ich die Dimension des „höchsten berufsqualifizierenden Bildungsabschlusses"[70] ein und stelle damit die Verbindung zu den Typen Hoch-, Mittel- und Unterqualifizierte her. Die Tabelle 1 zeigt einen Ausschnitt der deutschen Bevölkerung unterschieden nach den genannten Dimensionen und ergänzt durch die Positionierung auf dem Arbeitsmarkt anhand von drei Wirtschaftssektoren, wobei der Dienstleistungssektor noch einmal unterteilt ist.

---

[70] Für diese Studie wurden nur die Kategorien „Lehre", Universität" und „Ohne berufsqualifizierenden Bildungsabschluss" berücksichtigt; unberücksichtigt blieben „Fachhochschule", „Berufsfachschule" und „Meister/ Techniker/ Fachschule".

Tabelle 1 – Bildungsbiographische Zusammensetzung der deutschen Bevölkerung zwischen 25 und 55 Jahren mit und ohne eigenen Migrationserfahrungen und die Positionierung auf dem Arbeitsmarkt (Quelle: Statistisches Bundesamt 2011)

Angaben in 1000

	Insgesamt	höchster berufsqualifizierender Bildungsabschluss			Erwerbstätigkeit nach Wirtschaftsbereich				Erwerbslosigkeit
		Lehre	Universität	Ohne berufsqualifizierenden Bildungsabschluss	Land- und Forstwirtschaft	Produzierendes Gewerbe	Handel, Gastgewerbe, Verkehr	Sonst. Dienstleistungen	
Bevölkerung insgesamt....	81 715	34 111	6 114	30 393	637	10 995	9 812	17 495	2 948
· 25 – 35 Jahren...............	9 775	4 902	1 232	2 096	71	2 000	2 042	3 470	650
· 35 – 45 Jahren...............	11 968	6 492	1 430	1 842	136	2 974	2 541	4 334	658
· 45 – 55 Jahren...............	12 962	7 237	1 311	1 972	189	3 145	2 485	4 834	696
Personen ohne Migrationshintergrund	65 970	30 227	4 988	20 942	597	8 872	7 787	14 980	2 060
· 25 – 35 Jahren...............	7 289	3 963	912	1 124	64	1 520	1 491	2 850	433
· 35 – 45 Jahren...............	9 453	5 549	1 134	857	123	2 381	1 985	3 675	431
· 45 – 55 Jahren...............	10 858	6 443	1 095	1 138	180	2 604	2 078	4 253	508
Personen mit eigener Migrationserfahrung	10 591	3 311	1 054	5 062	35	1 816	1 674	2 146	744
· 25 – 35 Jahren...............	2 000	690	290	813	6	377	430	501	168
· 35 – 45 Jahren...............	2 243	806	272	909	12	523	495	580	204
· 45 – 55 Jahren...............	2 039	426	208	817	9	524	394	563	182

In der Gruppe der Personen mit eigenen Migrationserfahrungen besitzen 18% eine Lehre als höchsten berufsqualifizierenden Bildungsabschluss und sind zwischen 25 und 55 Jahren alt. Diese Gruppe repräsentiert für diese Studie den Typus „Mittelqualifiziert". Damit liegen diese gerade einmal 6% unter dem Anteil der Personen ohne Migrationshintergrund und 5% unter dem bundesdeutschen Durchschnitt. Bei den Universitätsabschlüssen zeigen sich die hochqualifizierten MigrantInnen mit 7,3% besser als die Einheimischen (4,8%) und der Durchschnitt (5%) gemessen an den Gesamtzahlen der jeweiligen Gruppe, was sich mitunter durch unterschiedliche Bildungssysteme auf internationaler Ebene ergibt. Bis hierher zeichnet sich ab, dass MigrantInnen sowohl mit dem Bundesdurchschnitt als auch den Einheimischen mithalten und diese sogar übertreffen können. Es handelt sich also bei einem knappen Drittel um gut bis sehr gut ausgestattetes kulturelles Kapital. Deutliche Unterschiede existieren allerdings bei den 25- bis 55-jährigen MigrantInnen mit eigenen Migrationserfahrungen, die keinen berufsqualifizierenden Bildungsabschluss besitzen, den „Unterqualifizierten". Hier sind 24% ohne Berufsabschluss, während der Bundesdurchschnitt bei 7% und die Einheimischen bei nur 4,8% liegen.[71] Gerade dieser Sachverhalt zeigt deutlich, dass sich viele MigrantInnen in Deutschland aufgrund der nichtvorhandenen Bildungsabschlüsse nur schwer auf dem Arbeitsmarkt etablieren können. Dennoch liegt die Erwerbslosenquote der 25- bis 55-

---

[71] bzgl. der von 6.416.000 MigrantInnen mit eigenen Migrationserfahrungen zwischen 25 und 55 Jahren

jährigen MigrantInnen mit eigenen Migrationserfahrungen bei „nur" 8,6%.[72] Fraglich ist, wo die Gruppe ohne Abschluss auf dem Arbeitsmarkt anzutreffen ist. Der Großteil von 47% aller 25 bis 55-jährigen mit eigenen Migrationserfahrungen befindet sich in Angestelltenverhältnissen, gefolgt von 40% in Arbeiterverhältnissen. Eine Vermutung, dass viele ohne Ausbildung in der eigenen ethnischen Nische, bspw. in eigenen Läden von Verwandten unterkommen, kann mit 0,5% vernachlässigt werden. Da für die genannten Beschäftigungen ein gewisses kulturelles Kapital benötigt wird, kann ebenfalls angenommen werden, dass Viele (11%) versuchen sich selbständig zu machen.[73]

Tabelle 1 zeigt auch in welchen Branchen die MigrantInnen vorzufinden sind. Dabei liegt der Schwerpunkt mit 52% aller Erwerbstätigen zwischen 25 und 55 Jahren und eigenen Migrationserfahrungen auf dem Dienstleistungsgewerbe[74], was bspw. das Reinigungs-, Pflege- und Betreuungs- oder das Friseurgewerbe umfasst. Das kann vor allem daran liegen, dass für eine große Bandbreite an Dienstleistungsberufen auf langjährige Ausbildungen seitens der Arbeitgeber verzichtet wird. Vielmehr sind es geringbezahlte Tätigkeiten, für die eine kurze Anlernphase in der Regel ausreicht. Weiterhin ist das produzierende Gewerbe mit 25% ein Magnet für MigrantInnen, wobei hier vor allem die über 35-Jährigen arbeiten, was einen negativen Trend markiert.[75]

Eines der größten Defizite ist der genannte Anteil derer ohne berufsqualifizierenden Bildungsabschluss. Umso bemerkenswerter ist, dass es dennoch ein gewisser Teil davon schafft, den Arbeitsmarkt zu erschließen und nicht in die Arbeitslosigkeit zu geraten. Viele MigrantInnen steigen in Dienstleistungsberufe ein, was sich durch die genannten Gründe als einfach und auf kurze Sicht effektiv herausstellt, jedoch nicht lukrativ ist. Darunter finden sich auch viele Bildungsbiographien, die eine hochwertige Ausbildung in ihrem Heimatland abgeschlossen haben, in Deutschland jedoch damit keine adäquate Verwertung des Wissens und Könnens erreichen. Diese Einzelschicksale gehen leider nicht aus der amtlichen Statistik heraus, und

---

[72] bzgl. einer Gesamterwerbspersonenzahl von 6.416.000 MigrantInnen mit eigenen Migrationserfahrungen zwischen 25 und 55 Jahren
[73] diese Daten sind hier nicht aufgeführt; vgl. Statistisches Bundesamt 2011
[74] hier wurden die Kategorien „Handel, Gastgewerbe, Verkehr" und „Sonstige Dienstleistungen" zu einer Kategorie „Dienstleistungsgewerbe" zusammengefasst
[75] bzgl. einer Erwerbstätigenzahl von 5.671.000 MigrantInnen mit eigenen Migrationserfahrungen zwischen 25 und 55 Jahren, die zum Erhebungsstand in einem sozialversicherungspflichtigen Beschäftigungsverhältnis waren

müssen durch qualitative Studien, wie dieser, erhoben werden, damit das eigentliche Potenzial für den Arbeitsmarkt erkennbar wird.

4.4. Forschungstand: Empirische Studien zur Situation von MigrantInnen auf dem deutschen Arbeitsmarkt

Betrachtet man die Literatur zum Thema „Migration, Bildung, Arbeitsmarkt" so stellt sich schnell heraus, dass es eine ganze Menge jüngerer Werke gibt, die erst in den letzten zehn Jahren entstanden sind. Es lässt sich dabei eine Verbindung zu der Wende des politischen Blickwinkels auf das Humankapital erkennen. Dies impliziert, und so zeigt sich auch die Literatur, dass Studien vorrangig Hochqualifizierte und deren Integration in den Arbeitsmarkt behandeln. Einer Ausrichtung auf niedrig- oder mittelqualifizierte MigrantInnen wird nur sehr selten Aufmerksamkeit geschenkt. Ich werde in diesem Abschnitt einen Überblick der bestehenden Literatur und Forschung geben, wobei ich darauf hinweise, dass dieser keinen Anspruch auf Vollständigkeit hat. Vielmehr sind es solche Werke, die am meisten rezipiert wurden und inhaltlich für diese Studie ein Gerüst bilden.

Eine erste Analyse der Arbeitsmarktintegration von Hochqualifizierten aus dem Ausland schaffen Sabine Gruber und Harald Rüßler im Jahr 2002. Sie untersuchten dabei hochqualifizierte, jüdische Kontingentflüchtlinge aus Russland, die im Rahmen der Greencard-Initiative nach Deutschland migrierten und aufgrund einer Sonderstellung sofort mit einem unbefristeten Aufenthaltstitel und einer Arbeitserlaubnis ausgestatte wurden. Trotz der rechtlichen Gleichstellung und dem gut ausgestatten kulturellen Kapitals, konnte sich diese Gruppe nicht auf dem Arbeitsmarkt etablieren. Gruber/Rüßler heben hervor, dass selbst nach einer Anpassungsqualifikation oder einer Weiterbildung ein Einstieg in den mitgebrachten Beruf nur selten stattfindet. Es kommt im Gegensatz dazu sogar zu einer Missachtung und Entwertung des kulturellen Kapitals. Großes Problem sind dabei vor allem die Wartezeiten auf Maßnahmen und Weiterbildungen, da sich diese gravierend auf den Erhalt der Qualifikationen auswirken.[76] Auch Natalia Hefele und Margarete Menz (2006) greifen diese MigrantInnengruppe auf. Sie untersuchten, wie sich Institutionen – hier vor allem Universitäten – bemühen, diese Hochqualifizierten zu integrieren. Neben einfachen Beratungsangeboten bspw. für die Anerkennung von Bildungstiteln oder für die berufliche Perspektive, bieten die Universitäten für die untersuchte Gruppe nahezu keine oder

---

[76] vgl. Gruber/Rüßler 2002

nur minderwertige Maßnahmen zur Förderung der Integration an. Begründet wird dies seitens Hefele/Menz damit, dass der Markt, in dem sich sowohl Autochthone wie Allochthone befinden, hart umkämpft ist, und unter Letzteren eine ausreichende Förderung nur schwierig hergestellt werden kann, da Einheimische besonders im soft-skills-Bereich Vorteile gegenüber MigrantInnen haben. Damit warfen Hefele/Menz vor allem die Frage auf, wer die Zuständigkeit für Integrationsmaßnahmen und den damit verbundenen Inhalten innehaben muss und wer diese durchzuführen hat. Die untersuchte Gruppe konnte an Universitäten keine solchen Maßnahmen finden, wodurch die weiteren Wege zunehmend erschwert wurden.[77]

Bettina Englmann und Martina Müller (2007) sowie Englmann (2008 und 2009) nehmen die bestehende Anerkennungspraxis in Deutschland sowie die damit einhergehenden Chancen und Probleme in den Blick. Aus dieser Forschung gehen Empfehlungen für eine bessere Anerkennung hervor. Diese beziehen sich neben einer effektiveren und effizienteren Ausübung der Behörden und Organisationen, auch auf eine größere Bandbreite anzuerkennender Abschlüsse sowie der Einbeziehung von mehr Ländern außerhalb der EU. Ein wesentlicher Punkt ist zuletzt, dass die bestehenden Qualifikationen bei einer Anpassung auf deutsche bzw. europäische Standards besser finanziert und gefördert werden sollten.[78]

Auf einer eher volkswirtschaftlichen Ebene untersuchten Barbara Heß und Leonore Sauer (2007) anhand von Statistiken die Entwicklung der Nachfrage des Marktes im Zusammenspiel mit der Entwicklung der Zuwanderung von Hochqualifizierten. Sie stellten für die Zeit bis 2006 fest, dass der Markt für Fach- und Führungskräfte sehr entspannt war und sogar teilweise Lücken und unbesetzte Stellen aufwies, vor allem bei den Ingenieuren. Weiterhin sahen sie für Akademiker gute Aussichten in den Arbeitsmarkt einzusteigen. Allerdings zeichnen die Daten ein verzerrtes Bild, da es sich bei den meisten Hochqualifizierten, die bereits durch eine §19 AufenthG-Niederlassungserlaubnis in Deutschland zumindest rechtlich Fuß fassen konnten, um MigrantInnen aus den USA und Russland handelte. Mehr als unterrepräsentiert war dagegen die für Deutschland relevanteste MigrantInnengruppe mit türkischem Hintergrund, deren Anteil an den Hochqualifizierten sehr gering war. Um dieses Problem lösen zu können sahen Heß/Sauer eine bedeutende

---

[77] vgl. Hefele/Menz 2006
[78] vgl. Englmann/Müller 2006

Funktion in der qualitativen Migrationsforschung, um damit die sozioökonomischen Hintergründe und Motive herauskristallisieren zu können.[79]

Birgit Behrensen und Manuela Westphal (2009) führten 30 Interviews mit Migrantinnen der ersten und zweiten Generation unabhängig vom Qualifikationsniveau durch, um damit herauszufinden, wie und wodurch diese einen erfolgreichen Einstieg in den Arbeitsmarkt schafften. Sie thematisieren dabei sowohl die Rolle der Familie, als auch die Funktionen sozialer Kontakte und herkunftsspezifischer Organisationen. Es zeigt sich weiter eine zunehmende berufliche Etablierung innerhalb migrationsspezifischen Arbeitsfeldern sowie in der ethnischen Nischenökonomie. Als erfolgreiche Strategien können dabei die Wiederholung teilanerkannter Abschlüsse, das Nachholen von Abschlüssen vor allem bei niedrigem Qualifikationsniveau oder eine Existenzgründung besonders dann, wenn keine formale Qualifizierung vorliegt, genannt werden. Behrensen/Westphal gehen in ihrer Untersuchung weniger auf die Probleme, als vielmehr auf erfolgreiche Strategien ein und sehen dabei besonders die hohe individuelle Bereitschaft und Leistungsfähigkeit der Migrantinnen im Vordergrund. Sie suchen aber auch nach Gründen für missliche Situationen und identifizieren dazu sowohl deutschsprachliche Defizite, die Nichtanerkennung von institutionalisiertem Kulturkapital als auch das Scheitern im Zuge behördlicher Angelegenheiten.[80]

Laura de Paz Martinez (2009) nimmt dagegen ältere MigrantInnen zwischen 46 und 58 Jahren in den Blick und stellt die Frage, mit welchem kulturellen Kapital diese ausgestattet sind und wie dieses nach eigenen Einschätzungen auf dem Arbeitsmarkt eingesetzt werden soll. Sie geht dabei wie Gruber/Rüßler (2002) auf Probleme und mögliche Auswege ein, statt die konkreten Lösungsstrategien für einen erfolgreichen Arbeitsmarkteinstieg zu thematisieren. Kernergebnis bei ihrer Studie ist, dass die MigrantInnen durch ein nur schlecht ausgeprägtes kulturelles Kapital und eine fehlende Motivation an Weiterbildungen und Kursen teilzunehmen – hier besonders auch Sprachkurse –, keine weitere adäquate Anstellung zur Reintegration finden und sich damit deren restliche Erwerbszeit durch Arbeitslosigkeit auszeichnet.[81]

Arnd-Michael Nohl, Karin Schittenhelm, Oliver Schmidtke und Anja Weiß (2010) haben m.E. den wohl umfangreichsten Beitrag zur Situation von MigrantInnen beim Einstieg in den Arbeitsmarkt der letzten Jahre geleistet. Im Rahmen der internationa-

---

[79] vgl. Heß/Sauer 2007
[80] vgl. Behrensen/Westphal 2009
[81] de Paz Martinez 2009

len Studiengruppe „Kulturelles Kapital in der Migration. Zur Bedeutung von Bildungs- und Aufenthaltstiteln während der Statuspassage in den Arbeitsmarkt" erforschten sie zusammen mit einem großen Forscherteam von 2005 bis 2009, wie hochqualifizierte MigrantInnen im Einklang mit ihrem erworbenen kulturellen Kapital auf dem deutschen, kanadischen und türkischen Arbeitsmarkt integriert und inkludiert werden. Sie beziehen sich dabei fast ausschließlich auf MigrantInnen, die ihr kulturelles Kapital im Herkunfts- oder einem anderen Ausland erworben und im Migrationsland bereits einen erfolgreichen Arbeitsmarkteinstieg vollzogen haben. Es wäre an dieser Stelle exorbitant, jeden Beitrag des Sammelwerkes darzustellen und zu diskutieren. Ich möchte deshalb nur drei der zwanzig Beiträge erwähnen, die ich im Vorgriff auf die hier analysierten Interviews ausgewählt habe.

Arnd-Michael Nohl, Ulrike Selma Ofner und Sarah Thomsen (2010) untersuchten den Zusammenhang zwischen migrationsbezogenen biographischen Orientierungen und der Verwertung des kulturellen Kapitals. Zentrale Erkenntnis ist dabei, dass diese Verwertung nicht grundlegend ein Motiv für alle Entscheidungen und Wege der MigrantInnen war, sondern zumeist durch andere Orientierungen und Faktoren überformt wurde. Sie rückt erst durch diese Orientierungen wieder in den Vordergrund, bspw. um die Versorgung der Familie sicher zu stellen.[82]

Niki von Hausen (2010) rekonstruierte in ihrem Beitrag Prozesse, in denen hochqualifizierte MigrantInnen keine adäquate Beschäftigung fanden, sondern entweder vom Arbeitsmarkt exkludiert worden oder sich in einem Arbeitsmarkt für unspezifische Qualifikationen verstetigten. Dieses ist vor allem dann unerwartet, wenn Hochqualifizierte einen stabilen aufenthaltsrechtlichen Status besitzen. von Hausen spricht dabei sowohl von institutionellen Zugangsbeschränkungen als auch von Einflüssen eingeschränkter Selbsteinschätzung und -positionierung. Aber auch Prozesse und Faktoren, wie die aufenthaltsrechtliche und bildungsbiographische Anerkennung, sowie sprachliche Ausbildungen kosten Zeit, unterbrechen die eigentliche berufliche Laufbahn und lassen so das kulturelle Kapital veralten; und dies ist oftmals irreversibel.[83]

Zur Rolle des sozialen Kapitals im Prozess des Arbeitsmarkteinstieges forschte Sarah Thomsen (2010) und wies damit auf die Wichtigkeit sozialer Kontakte im Kontext kulturellen Kapitals hin. Damit soziale Kontakte aber auch zu Sozialkapital

---
[82] vgl. Nohl/Ofner/Thomsen 2010
[83] vgl. von Hausen 2010

werden können, bedarf es ertragreicher und rentabler Ergebnisse bei der Frage des Arbeitsmarkteinstieges. Es ist dabei die Rede von berufsunabhängigen und berufsabhängigen Kontakten sowie von Kontakten und Organisationen im Kontext der eigenen Familie, des eigenen Milieus und der eigenen Herkunft. Diese können in unterschiedlichem Maße dazu verhelfen, eine Verwertung des kulturellen Kapitals auf dem Arbeitsmarkt zu erzielen. Die größte Rendite erzielen dabei eher lose Kontakte, die einen Berufsbezug vorweisen können.[84]

Es lassen sich weitere Arbeiten finden. Bspw. Anja Brosius (2008) und Ulrike Selma Ofner (2011) über Handlungspraktiken von Hochqualifizierten beim Einstieg in den Arbeitsmarkt, Schahrzad Farrokhzad (2008) über die Arbeitsmarktsituation und Arbeitsmarktintegration von hochqualifizierten Migrantinnen und Katharina Seebaß und Manuel Siegert (2011) zur generellen Arbeitsmarktsituation von MigrantInnen anhand von amtlichen Statistiken. Weiterhin untersuchte Wolfgang Seifert (2008) die Arbeitsmarktsituation in der Phase des beruflichen Einstiegs und stellte heraus, dass dieser Übergang in hohem Maße durch Arbeitslosigkeit gekennzeichnet ist, sowohl für Unter- als auch für Hochqualifizierte. Hervorzuheben ist noch die Studie von Judith Schmolke (2010), welche sich in ihrer Untersuchung mit niedrig- bis mittelqualifizierten Migrantinnen beschäftigt und dabei die Lebenswelten aus dem komplexen Geflecht der Interviewer-Perspektiven heraus analysierte. Sie richtet sich damit explizit gegen die Mainstream-Studien um Hochqualifizierte. Gerade weil es sich bei dieser Arbeit um eine der ersten handelt, die sich nicht explizit mit Hochqualifizierten beschäftigt, muss deren Bedeutung hochgehalten werden. Die geringe Nennung von Niedrig- bis Mittelqualifizierten in der Literatur veranlasste mich ebenfalls dazu, diese in die vorliegende Studie aufzunehmen, obgleich der Anteil an hochqualifizierten Interviewten etwas höher liegt.

---

[84] vgl. Thomsen 2010

5. Methodisches Vorgehen der Studie

In diesem Kapitel werde ich die hier zugrundeliegende Studie genauer vorstellen. Dazu werde ich zunächst unter 5.1. den Zugang zu den Interviews aufführen und begründen, warum ich mich in dieser Arbeit für ganz bestimmte Fälle besonders interessiert und diese ausgewählt habe. Anschließend zeige ich unter 5.2. die Erhebungsmethode des narrativen Interviews auf und gehe dabei auf die wichtigsten Vertreter für deren Entwicklung ein. In der Auswertung wurde auf die dokumentarische Methode zurückgegriffen, welche ich unter 5.3 ebenso darstellen werde.

5.1. Zugang zu den Interviews und Auswahl der Fälle

Ziel des Samplings war es nicht die Heterogenität der deutschen Gesellschaft und den darin lebenden MigrantInnen abzubilden. Eine solche Zielsetzung ist mit qualitativen Methoden höchstens in kleineren Gesellschaften realisierbar. Im Vordergrund standen vielmehr die unterschiedlichen Seiten der beruflichen Qualifikation und damit auch das mitgebrachte und teilweise in Deutschland erworbene Kapital. Wie funktioniert die Verwertung dieses Kapitals und welche Chancen ergeben sich daraus? Dafür war Voraussetzung, dass bereits eine solche Verwertung in Form einer Anstellung auf dem deutschen Arbeitsmarkt stattgefunden hatte. Dies wiederum setzte voraus, dass es sich bei den Interviewten zugleich um Aufenthaltstitel handeln musste, die eine Aufnahme einer Erwerbstätigkeit zusagten.

Der Zugang zu den Interviews entstand im Rahmen eines Praktikums im Grone-Bildungszentrum für Gastronomie und Ernährung GmbH - gemeinnützig – in Hamburg Hammerbrook[85], in dem auch berufsbezogene Sprachkurse für Arbeitslose mit Migrationshintergrund durchgeführt wurden. Diese bezogen sich nicht in erster Linie auf die Sprachausbildung, sondern zielten speziell auf den Einstieg in den Arbeitsmarkt ab.[86] Daran nahmen sowohl MigrantInnen teil, die noch nie, als auch solche, die bereits mindestens einmal in Deutschland gearbeitet haben. Letztere wurden gezielt zu Interviews eingeladen. Erleichtert wurde der Zugang zu den InterviewpartnerInnen dadurch, dass im Vornherein in den Kursen einige Stunden hospitiert wurde, sodass die KursteilnehmerInnen bereits ein gewisses Maß an

---

[85] Ich möchte mich an dieser Stelle vor allem bei Herrn Björn Plantikow, dem Projektleiter „Aus- und Weiterbildung" sowie Herrn Christof Althoff, Sachbearbeiter und Ansprechpartner für die Integrationskurse, bedanken. Sie ermöglichten mir innerhalb meiner Praktikumszeit den Zugang und die Erhebung der Interviews während der Kurszeiten durchzuführen. Weiterhin seien außerdem Herr Waldemar Sykosch und Frau Wan-Hee Choi zu erwähnen.
[86] Zur wissenschaftlichen Aufarbeitung solcher Kurse siehe Schweigard 2008

Vertrauen aufbauen konnten. Ein deutlicher Unterschied dahingehend zeigte sich im Vergleich zweier Kurse, an denen unterschiedlich oft teilgenommen wurde, wobei es in dem häufiger hospitierten Kurs zu einer wesentlich freiwilligeren Teilnahme kam.

Die erhobenen Daten konnten gleichsam dazu genutzt werden, um den Befragten Hilfestellungen und Hinweise für ihre zukünftige Arbeitssuche zu geben, was von diesen oftmals dankend angenommen wurde. Zudem konnten anhand der bis dahin partiell ausgewerteten Interviews die Job-Center-Datenbanken aktualisiert und gepflegt werden, sodass die Zuweisung von Jobangeboten nachhaltig vereinfacht werden konnte.

Für die Interviews wurden insgesamt neun MigrantInnen – fünf weibliche und vier männliche – befragt. Zur Analyse wurden außerdem zwei weitere weibliche Interviewpartner aus einer früheren Arbeit hinzugefügt.[87]

Die Geburtsjahrgänge erstrecken sich von 1960 bis 1986, d.h. es handelt sich um MigrantInnen, die zur Zeit der Interviews zwischen 25 und 51 Jahre[88] alt waren. Daraus ergibt sich ein Durchschnittsalter von 37,5 Jahren, wobei bis auf zwei Extremwerte alle zwischen 30 und 40 Jahre alt waren. Dieser relativ hohe Altersdurchschnitt war nötig, damit die Chance erhöht wurde, dass die Befragten erstens kulturelles Kapital in ihrem Heimatland erworben und zweitens dieses bereits auf dem deutschen Arbeitsmarkt einsetzen konnten. Nach Nohl/Ofner/Thomsen (2010) kann hier deshalb auch von einer „wirtschaftlich besonders aktiven"[89] Altersgruppe gesprochen werden.

Auch in der Aufenthaltsdauer in Deutschland unterscheiden sich die Befragten in hohem Maße. Diese reichen von 1991 bis 2009. Sie sind also zwischen 20 Jahren und einem Jahr in Deutschland, was eine Durchschnittsdauer von 7,3 Jahren ergibt. Extrahiert man dazu noch zwei Extremwerte, die vor 2000 nach Deutschland kamen, erhält man sogar nur eine Durchschnittsdauer von 5 Jahren. Diese relativ kurze Zeit ist in Hinblick auf die Fragestellung der Arbeitsmarktintegration in Deutschland zwar durchaus von Nachteil. Damit kann aber zum einen auch gezeigt werden, wie schnell sich ein Arbeitsmarkteinstieg vollziehen kann, zum anderen aber auch darauf hinweisen, dass es einige Jahre braucht, um in Deutschland beruflich Fuß fassen zu können.

---

[87] vgl. Beger 2011
[88] Da einige Interviews bereits 2010 durchgeführt wurden, ergibt sich hier eine Differenz von 1.
[89] Nohl/ Ofner/ Thomsen 2010, S.67

Die angesprochene Heterogenität unter allen Befragten reißt auch bei der Betrachtung der Herkunftsländer nicht ab. So kommen diese von insgesamt vier Kontinenten: drei aus Europa, drei aus Asien, zwei aus Afrika und zwei aus Lateinamerika (Mittel- und Südamerika). Diese Zuordnung lässt sich auch anhand der weltweiten Migration nach Zentraleuropa nachvollziehen, nach der der Hauptmigrationsstrom nach Europa zuerst aus Europa selbst kommt (31,52 Mio. 53,7%). Daran schließen Asien (15,69 Mio./ 26,7%), Afrika (7,25 Mio./ 12,3%), Lateinamerika (3,13 Mio./5,3%) und zuletzt – hier jedoch nicht berücksichtigt – Ozeanien (0,31 Mio./ 0,5%) und Nordamerika (0,84 Mio./ 1,4%) an.[90] Von einer Repräsentativität kann und soll jedoch nicht gesprochen werden.

Die Herkunftsländer sind demnach sehr verschieden. Die aus Europa zugewanderten Befragten stammen ausnahmslos aus Osteuropa, d.h. Rumänien, Moldawien, Russland.[91] Die asiatischen Befragten kommen aus Myanmar und Indien, die afrikanischen aus Ghana und Ägypten und die lateinamerikanischen aus Mexiko und Chile.

5.2. Das narrativ fundierte Interview

Die qualitative Forschung bietet die große Chance, mit den richtigen Methoden solches Wissen zu extrahieren, das dem Informanten selbst nicht so ganz klar ist. Um an dieses Wissen zu gelangen, sind narrativ fundierte Interviews, wie es bei Nohl (2009) beschrieben wird, am besten geeignet. Die zahlreichen, sich teilweise überschneidenden Ausprägungen – „problemzentriertes", „biografisches" und „Experteninterview", um nur einige zu nennen – solcher Interviews lassen jedoch das gemeinsame Ziel nicht verbergen: Sie fördern durch das Fehlen von Antwortvorgaben die Offenheit der Kommunikation. Diese Offenheit bezieht sich, so Nohl, jedoch nicht auf die Abwesenheit einer Struktur des Interviews, da diese „immer durch die Interaktion zwischen Forschenden und Erforschten strukturiert [werden; MB], wobei es in unterschiedlichem Maße zu Interviewereingriffen kommen kann"[92].

Narrative Interviews zeichnen sich vor allem durch Stegreiferzählungen aus. Schütze (1982; 1987) führte diesen Begriff ein und wies darauf hin, dass sich diese Erzählform besonders eignet, weil der Informant seine Erzählung komplettieren und

---

[90] Stand der Zahlen 2007 (vgl. Deutsche Gesellschaft für die Vereinten Nationen e.V. 2009, S.30); eigene Berechnungen
[91] Aus vereinfachungsgründen zähle ich hier Russland trotz seiner bikontinentalen Ausprägung zu Europa.
[92] Nohl 2009, S.18

detaillieren will und sich so tief in seinen Erfahrungen bewegt, die er damit offenbart.[93] Nach einer narrativen Ausgangsfrage generiert der Erzähler eine solche Stegreiferzählung über seine eigenen Erfahrungen. Grundvoraussetzung, so Riemann (2003), sei dabei, dass „der Erzähler unterstellen kann, dass dem Zuhörer die Inhalte der Darstellung (…) noch nicht bekannt sind, und dass sich das Thema für eine narrative Stegreiferzählung eignet"[94]. Ob sich ein bestimmtes Thema dafür eignet, hängt davon ab, inwieweit sich der Erzähler erstens an es erinnert und zweitens inwieweit er selbst an dem zu Erzählenden partizipierte. Es ist nämlich unmöglich eine Erzählung darüber zu verfassen, wie bspw. Urmenschen gelebt haben, ohne selbst dabei gewesen zu sein. Anders jedoch handhabt es sich bei biografischen Erzählungen, die einen Anfangs- und einen Endpunkt haben. Nach der Ausgangsfrage sollte sich idealerweise die erste Erzählung ohne Unterbrechungen durch den Forscher entfalten. Die Anfangsfrage dieser Arbeit bat die Interviewpartner, vom Beginn ihres Lebens alles zu berichten, wobei vor allem die Phasen des Arbeitsmarkteinstieges thematisiert werden sollten. Zu den angesprochenen Unterbrechungen werden nicht die Rezeptionssignale („ja", „mmh", „ich verstehe" usw.) des Zuhörers gezählt, welche die Erzählung im Gegenteil sogar aufrechterhalten. Nach dem erzählgenerierenden Teil des Interviews folgt der Nachfrageteil, in dem mit ebenfalls narrativen Fragen auf markante Themen noch einmal Bezug genommen wird. Im Anschluss daran folgen Fragen, die bestimmte Aspekte beschreiben sollen oder sich bspw. nach den Gründen dargestellter Handlungssequenzen erkundigen.

Während sich die theoretischen Überlegungen zu dieser Methode an idealtypischen Fällen orientieren, so stellen sich in der Praxis Widerstände entgegen. Die Erhebung zu dieser Studie wurde anhand der dargestellten Erläuterungen zum narrativ fundierten Interview entwickelt und vorbereitet. Während der Erhebung zeigte sich allerdings das Problem der sehr differierenden kommunikativen Offenheit, welche wie angedeutet die Grundvoraussetzung für ein narratives Interview darstellen soll. Es gab sowohl Fälle, die sehr wortkarg waren und sich kein wirklicher Erzählfluss ergab. Andere Fälle nutzten aber die Interviewsituation, um sich über bestimmte Passagen ihrer Erfahrungen Luft zu verschaffen. Bei diesen kam es zu vielen Erzählphasen.

---
[93] vgl. Schütze nach Riemann 2003, S.121
[94] Riemann 2003, S.122

5.3. Die dokumentarische Methode

In diesem Abschnitt soll die dokumentarische Methode in ihrer Anwendung und Bedeutung kurz skizziert werden. Ich gehe dabei aus Gründen der Unzweckmäßigkeit für diese Arbeit nicht auf die Entstehung und Entwicklung dieser Methode ein.[95]

Die dokumentarische Methode, so Bohnsack (2003), ermöglicht nicht nur den Zugang „zum reflexiven oder theoretischen, sondern auch zum handlungsleitenden Wissen der Akteure und somit zur Handlungspraxis"[96]. Die Erschließung solcher Handlungspraxen anhand von Erzählungen oder Beschreibungen öffnet den Zugang zum atheoretischen Wissen, welches „einen Strukturzusammenhang bildet, der als kollektiver Wissenszusammenhang das Handeln relativ unabhängig vom subjektiv gemeinten Sinn orientiert"[97]. Es ist also das Wissen, welches habitualisiert und z. T. inkorporiert vorliegt und dem Akteur als solches selbst nicht bewusst ist.

Die dokumentarische Methode ist an der Akteursebene orientiert, d.h. diese wird bei der Analyse nie verlassen, da das Wissen des Akteurs zudem „als die empirische Basis der Analyse"[98] dient. Anhand dieses Materials wird die Frage danach gestellt, wie eine gesellschaftliche Realität in einer bestimmten Handlungspraxis hergestellt wird. Es wird also nach dem modus operandi, dem Habitus, gefragt.[99]

Anhand zweier wesentlicher Arbeitsschritte wird in der dokumentarischen Methode vorgegangen: der formulierenden und der reflektierenden Interpretation. Die genauen Teilschritte hat Nohl (2009) detailliert herausgearbeitet. Ich werde diese daher nur in aller Kürze darstellen. In der formulierenden Interpretation geht es darum, relevante Themen herauszufiltern, um diese dann zu transkribieren. Nohl (2009) stellt dazu drei Kriterien heraus, welche Themen entscheidend sind: 1. Themen im Interesse der Forschung; 2. ausführlich, engagiert und metaphorisch behandelte Themen des Informanten; 3. Themen, die in anderen Fällen ähnlich behandelt werden. Die Transkription der ausgewählten Themen dient sogleich als Ausgangsposition für die formulierende Feininterpretation. Bei dieser werden zunächst Ober- und Unterthemen gesichtet, welche dann mit eigenen Worten thematisch zusammengefasst werden. Dies führt dazu, dass der Forscher eine gewisse

---
[95] weiterführend dazu Bohnsack 2003, S.40
[96] Bohnsack 2003, S.40
[97] Bohnsack 2003, S.41
[98] Bohnsack 2003, S.41
[99] vgl. Bohnsack 2003, S.42

Distanz und Unwissenheit gegenüber dem Text entwickelt und jedes behandelte Thema als interpretationsbedürftig betrachtet.[100]

In der reflektierenden Interpretation geht es um die Frage, wie und in welchem Orientierungsrahmen der Informant das Thema behandelt. Ein solcher Orientierungsrahmen ist „der zentrale Gegenstand dokumentarischer Interpretation"[101] und kristallisiert sich erst in der Gegenüberstellung mit anderen Fällen heraus. Zusammengefasst heißt das: die explizierten Erfahrungen werden erst dann verständlich, wenn der dazugehörige Kontext betrachtet wird. Dieser lässt sich erst dann als ein solcher darstellen, wenn er durch andere Kontexte bestätigt oder abgegrenzt wird. Um an den Orientierungsrahmen zu gelangen wird die Transkription zunächst einer Textsortentrennung unterzogen, in der nach Erzählung, Beschreibung, Argumentation und Bewertung unterschieden wird, um daran festmachen zu können, wo es sich um theoretisches oder um atheoretisches Wissen handelt.[102] Im Anschluss daran werden vor allem die Erzählungen und Beschreibungen – denn hierbei handelt es sich um atheoretisches Wissen – mit anderen Fällen „verglichen, wie die Interviewten mit dem Thema umgehen, d.h. in welchen (unterschiedlichen) Orientierungsrahmen sie das Thema bearbeiten"[103]. Das gemeinsame Dritte stellt dabei die Anfangsäußerungen bzw. in Leitfadeninterviews das vorgegebene Thema dar, anhand dessen die folgenden Äußerungen verglichen werden. Die Typenbildung stellt den Schlusspunkt der dokumentarischen Methode. Dabei werden die einzelnen Erfahrungsräume auch in anderen Fällen identifiziert und damit aus den Einzelfällen herausgelöst, sodass sinngenetische Typen entstehen. In der darauf folgenden Soziogenese wird dann deutlich gemacht „in welchen sozialen Zusammenhängen und Konstellationen die typisierten Orientierungsrahmen stehen"[104].

In dieser Studie werde ich mich auf eine sinngenetische Typenbildung beschränken und eine soziogenetische Typenbildung außen vor lassen, was vor allem auch den wenig verbreiteten wissenschaftlichen Untersuchungen von Mittel- und Unterqualifizierten geschuldet ist.

In diesem Abschnitt wurde kurz auf das Wesen und die Anwendung der dokumentarischen Methode eingegangen. Hervorzuheben ist dabei noch einmal, dass es ihr vor allem um die Rekonstruktion von Wissen geht, welches vom Informanten nicht

---

[100] vgl. Nohl 2009, S.46 f.
[101] Bohnsack 2003, S.43
[102] zur Unterscheidung der einzelnen Textsorten vgl. Nohl 2009, S.48 ff.
[103] Nohl 2009, S.56
[104] Nohl 2009, S.58

explizit geäußert wird und ihm daher selbst nicht bewusst ist. In den folgenden Abschnitten werde ich nun die Ergebnisse aus den für diese Studie erhobenen Interviews darstellen. Ich beziehe mich dazu zunächst auf drei typische Fälle.

6. Die Fallbeispiele anhand von drei Typen

Neben den bereits existierenden Untersuchungen zu hochqualifizierten MigrantInnen als eine Gruppe möchte ich in dieser Arbeit auf insgesamt drei Statusgruppen von MigrantInnen eingehen und diese untereinander vergleichen, um die Arbeitsmarktintegration differenziert darstellen zu können. Diese Gruppen unterscheiden sich hinsichtlich ihrer Bildungsbiographien und damit in ihrem mitgebrachten kulturellen Kapital. Da in dieser Arbeit nicht genügend Platz ist, um alle Fallbeispiele adäquat darstellen zu können, wurden in der Analyse drei Typen von Statusgruppen expliziert, welche ich im Folgenden darstellen werde. Dazu wird zunächst auf die Herkunft und Lebensgeschichte eingegangen, bevor im Detail die Statuspassagen erläutert und erstinterpretiert werden (6.1., 6.2. und 6.3.). Im letzten Abschnitt (6.4.) werden zudem alle anderen Fälle, welche für die Typenbildung eine Rolle spielten, kurz biographisch vorgestellt.

6.1. Hochqualifizierte BildungsausländerInnen – Der Fall von Frau Bakshi[105]

Frau Bakshi wurde 1970 in Indien geboren, wo sie aufwuchs und zur Schule ging. Nach ihrer Schulausbildung studierte sie Hindi-Sprachwissenschaft und Politikwissenschaft. Dabei erreichte sie je einen Master of Arts-Abschluss in Sprachwissenschaft und Politikwissenschaft, sowie nach einem absolvierten Forschungsstudium zusätzlich einen Abschluss Master of Philosophy in Politikwissenschaft.

Ihr Mann kommt ebenfalls aus Indien, lebt aber bereits seit den 1980'er Jahren in Deutschland und ist als Elektriker tätig. Bei einem Heimatbesuch Ende der 1990'er Jahre lernten sich beide kennen, heirateten und bekamen eine gemeinsame Tochter. Im Jahr 2000 folgte Frau Bakshi ihrem Mann nach Deutschland. Ihr Studium war zu dieser Zeit jedoch noch nicht abgeschlossen, sodass sie alle sechs Monate nach Indien reiste und dort ihr Studium vorantrieb. Auch die Geburt ihres Sohnes im Jahr 2003 ließ sie nicht von diesem Plan abweichen. Im März 2011 erhielt sie schließlich ihren Doktortitel in Politikwissenschaft mit dem Themenschwerpunkt „Atompolitik".

> „B   Ich hab nur studiert, studiert, studiert, ich hab äh Master zweimal Master of Arts (2) einmal Hindisprache einmal Political Wissenschaft und dann ich Master of Philosophy in Political Wissenschaft (atmet tief ein) und gera::de ich hab in diesen März *Doktoreipass* in Political

---

[105] Alle hier verwendeten Namen der Interviewten sind aufgrund der Anonymisierung der Daten verändert und den herkunftsspezifischen Kulturen angepasst worden.

Y	→ einen <u>Doktor</u>?
B	Ja (1) <u>geschafft</u>
Y	<u>Herzlichen Glückwunsch</u>
B	@Danke aber <u>trotzdem keine</u> Arbeit@" (Frau Bakshi Z 1-8)

Ihre bisherige formale Bildungsbiographie ist ausschließlich akademischer Natur. Mit ihrer Äußerung, dass sie bislang nichts anderes gemacht hat als zu studieren, relativiert sie damit erwartungsgemäß ihre beruflichen Erfahrungen, thematisiert damit aber nur ihre Zeit in Indien. Während sie durch die betonte Äußerung „*geschafft*" andeutet, dass dies eine lange und anstrengende Herausforderung für sie gewesen zu sein scheint, eröffnet das ebenso betonte „*trotzdem*" im Kontext fehlender Arbeitsmöglichkeiten ihr zentrales Problem. Dass sie dies lachend spricht, zeigt zudem, dass sie dies in Relation zu ihren Abschlüssen und dem damit erworbenen kulturellen Kapital nicht wirklich verstehen kann. Zum Zeitpunkt des Interviews war sie über zehn Jahre in Deutschland, konnte jedoch in dieser Zeit keine feste Arbeitsstelle finden. Ihr beruflicher Orientierungsrahmen bezieht sich also in all seinen Facetten immer wieder auf ihre absolvierten Studien und erreichten Abschlüsse.

Obgleich ihre formale Bildungsbiographie eher als berufsfern bezeichnet werden kann, konnte Frau Bakshi dennoch in ihrer Zeit in Deutschland berufliche Erfahrungen sammeln.

„B	ich hab hier 1€ äh Job gearbeitet hier ähm Winterhuder Werk mmh Kirche mh Büro als Bürohelferin (1) [...] und danach ja jetzt ich hab gerade so ne ich arbeite gerade hier (arke reus haus) [Das Rauhe Haus; MB] Aufwandentschädigungs mit behinderter Leute manchmal die rufen mich wenn die brauchen so etwas und nicht so viel Stunden bei monatlich 20 15 so etwas Stunden
Y	Was machen Sie da?
B	Da:: unterstützen die behinderte Leute (2) ja hier Klabauter mmh Berliner Tor da ist äh Theater mmh für diese behinderte Leute, die spielen und äh einige verkaufen Getränke (1) Kleinigkeit so und ich bin immer dabei wie die machen wenn die brauchen Hilfe [...] und manchmal ( ) Kirche da die machen sauber und so das alles und da ich bin auch dabei" (Frau Bakshi Z.19-31)

Hier wird deutlich, dass sie durch ihre bisherige Bildungslaufbahn auch persönlich geprägt wurde. Als Inderin besaß sie zumindest marginal eine religiöse Verbindung zum Buddhismus. Durch ihre wissenschaftliche, d.h. weltliche Bildung hat sie offensichtlich einen großen Abstand dazu gewonnen, sodass sie in Deutschland sogar in einer christlichen Einrichtung arbeitet, obgleich sie dort eher administrative Tätigkeiten ausführt. Weiterhin beschreibt sie ihre Aushilfstätigkeit in einer Einrichtung für behinderte Menschen, mit denen sie interaktiv zusammenarbeitet, trotz teils erheblicher sprachlicher Differenzen. Eine ähnliche Aushilfstätigkeit übte sie in einer Kindertagesstätte für sechs Monate aus, wo sie die ErzieherInnen unterstützte und viel mit

Kindern zu tun hatte. Eine ausreichende Versorgung konnte sie damit jedoch ebenfalls nicht erzielen. Neben diesen pädagogischen Arbeiten, ist sie für drei Wochen auch in einer Burger-King-Filiale tätig gewesen.

> *„ich hab auch hier Burger King (1) @da::: hab nur drei Woche gearbeitet@ und das war Graus //hmm// da die die Leute die sprechen nicht gut die die denken ( ) die sprechen nicht wie andere Leute Menschen die reden du, du, du äh du machst das, du machst das und ich einen Name und dann @ich hab so viel studiert dann ich denke was ich hab schon gemacht@ @(2)@ //hmm// wo bin ich und ich bin ganz traurig […] //hmm// ja ich und da an der Kasse bisschen ein paar Tage die haben gesagt an der Kasse und denn dann die haben gesagt in Küche und denn die sagen du musst auf Toilette du musst auf Parkplatz und so überall und das äh ne das ist nichts für mich //hmm// ja in so viele studiern und danach ich gehe in Toilette putzen oder mmh Parkplatz sauber machen ne das ist nicht für mich" (Frau Bakshi Z.59-71)*

Ihre Bewertung dieser Zeit als eine grausame Erfahrung ergibt sich einerseits aus der fast militärischen Sprachkultur, andererseits aus den Tätigkeiten, die ihr zwar vorher bewusst gewesen sein sollten, jedoch ihrem bisherigen Werdegang nicht würdig sind. Sie argumentiert, dass ein wissenschaftliches Studium zu mehr qualifizieren sollte, als zum Reinigen der Toiletten oder des Parkplatzes. Dass es dabei nicht zu einer adäquaten Verwertung ihres kulturellen Kapitals kommen konnte, muss ihr demnach von vornherein bewusst gewesen sein. Gerade das macht aber deutlich, dass sie ihre eigenen Bedürfnisse hintanstellte und vorrangig die familiale Situation, d.h. die Unabhängigkeit von Sozialleistungen im Blick hatte. Dies wird noch verstärkt durch ihre Abneigung gegen diese Arbeit.

Bei der Jobakquise lassen sich keine dominanten Muster erkennen.

> *„Ich habe äh diese 1€-Job die haben mir geschickt da und die da waren nette Leute dann da diese Kindergarten gelernt kennengelernt und da ich hab schon gearbeitet und diese Rauhaus da äh meine Nachbarin ist äh eine Sozialpädagogin und die arbeitet da Raueshaus und dann die hat gesagt kommst du probieren" (Frau Bakshi Z.53-56)*

Frau Bakshi erhält sowohl von staatlicher Seite „Angebote", als auch durch Bekannte. Während das Jobcenter als Teil des Systems hier keine nennenswerte Bedeutung besitzt, ist die Nutzung ihrer sozialen Kontakte und Netzwerke im nichtdigitalisierten Sinne vor allem ihre eigene Leistung. So entstehen während einer Tätigkeit Beziehungen zu MitarbeiterInnen, welche ihr innerhalb der kirchlichen Einrichtung weitere Beschäftigungsmöglichkeiten aufzeigen, hier der Kindergarten. In die Einrichtung „Das Rauhe Haus" gelangt sie durch ihre Nachbarin. Anders als im ersten Fall ist sie hier nicht von vornherein in eine Organisation eingebunden, sondern nutzt die sozialen Kontakte in ihrer nächsten Umgebung. Doch nicht nur soziale Kontakte im weiteren, sondern auch im engeren Sinne verhelfen ihr zu Arbeit. So hilft sie im kleinen indischen Laden ihres Mannes aus, wo sie Regale auffüllt und an der Kasse tätig ist. Diese eher informelle Beschäftigung bezieht sie in ihrer ethnischen Nische durch familiale Kontakte. In diesem kleinen indischen Laden fühlt sie sich nicht nur durch die gewohnten Produkte um sich herum wohler, sondern auch und wahrscheinlich viel mehr durch die Zusammenarbeit mit und Nähe zu ihrem Mann.

Bis hierher wird ersichtlich, dass sich ein regulärer Einstieg mit der Rücksichtnahme auf ihr kulturelles Kapital nicht vollzieht. Vielmehr muss sie auf mittel- bis unterqualifizierte Jobs zurückgreifen. Dabei geht sie kontinuierlich von ihrem mitgebrachten kulturellen Kapital aus, welches für die Tätigkeiten als Idealvorstellung dient. Dennoch scheint sie sich bewusst zu sein, dass es schwierig werden könnte eine adäquate Anstellung zu finden. Auch ihr aufgebautes soziales Kapital in Form von Freunden, Bekannten und ihrer eigenen Familie kann ihr dabei keine nennenswerten Hilfen beisteuern. Daher orientiert sie sich berufsmäßig um und wünscht sich eine Anstellung in der pädagogischen Praxis. Auf diesem Weg muss sie jedoch immer wieder auch prekäre und ungeliebte Tätigkeiten ausführen.

Wenige Tage nach dem Interview erfuhr der Interviewer von Frau Bakshi, dass sie einer neuen Beschäftigung nachgeht. Sie arbeitete seitdem in einer Sprachschule für die Sprache Hindi. Bei dieser Tätigkeit gelingt es ihr erstmals ihr kulturelles Kapital in Form des MA-Abschlusses für Hindi-Sprachwissenschaft zu verwerten. Allerdings hängt ihre Arbeitszeit von der Nachfrage durch die Sprachschüler ab, d.h. nur wenn ein Kurs für eine Sprache durch genügend Teilnehmer zustande kommt, wird sie dort Unterricht geben. Um es mit Bourdieu auszudrücken, der Markt bestimmt den Wert des Kapitals.[106] Dieser Wert erhöht sich bei entsprechendem Bedarf sogar noch durch den hohen Seltenheitswert, den ihr Hindi-Studium aufweist. Diese Stelle wurde ihr durch eine andere Teilnehmerin ihres Deutschkurses empfohlen, welche ebenfalls in derselben Sprachschule bedarfsorientiert burmesisch lehrt. Frau Bakshi nutzt hier also ihre sozialen Kontakte für eine qualifikationsadäquate Anstellung im Sinne ihres absolvierten Studiums. Trotz gewonnenen sozialen Kapitals, reicht es aber lediglich für eine Stelle auf Abruf. Die Rendite aus dem Kapital ist demnach zunächst gering, kann sich jedoch bei genügend Nachfrage des Kurses zu einer hohen Rendite wandeln.

Die Frage, die sich im Zuge des Erläuterten stellt, ist die nach den Gründen für die Arbeitslosigkeit. Dies geht u.a. aus folgendem Zitat hervor:

---

[106] vgl. Bourdieu 1992, S.62

> „Ja ich versuche ich will auch nicht zu Hause und mit HartzIV ich hab 2 Kinder und äh ich hab viele studiert und ich will auch nicht als äh Putzfrau oder an der Kasse //hmm// ja und das gefällt mir auch nicht und ohne Sprache kann ich auch nicht machen ich war auch an der Uni als äh diese Lehramt ich hab auch mich beworb und ich warte was kommt im August was die sagen krieg ich Platz //hmm// oder nicht (2) ich wär gerne Ausbildung oder studiern weiter (1) ja" (Frau Bakshi Z.46-51)

Neben den genannten Beweggründen und Motivationen zu arbeiten, welche hier der Vollständigkeit wegen angeführt wurden, bekommt die deutsche Sprache einen besonderen Stellenwert, ohne die sie nur schwer anspruchsvolleren Tätigkeiten nachgehen kann. Als Beispiel dient ihr die Bewerbung auf ein Lehramtsstudium, auf deren Entscheidung sie zum Zeitpunkt des Interviews jedoch noch warten musste. Obgleich sie sich erhofft einen Studienplatz zu bekommen, ist sie für die Aufnahme eines Studiums von ihrem Sprachniveau abhängig, d.h. sie benötigt C1- für das Studium und C2-Sprachniveau für eine spätere Lehrertätigkeit. Diese konnte sie zum Zeitpunkt noch nicht vorweisen, was das Ergebnis der Bewerbung schon vorwegnimmt. Es spiegelt sich hier wieder, dass Sprache für sie eine Schlüsselfunktion im Arbeitsmarkt- bzw. Weiterbildungsmarkt einnimmt. Ohne diese gelingt es nicht, ihr mitgebrachtes kulturelles Kapital adäquat verwerten zu können. Das inkorporierte Wissen aus den zahlreichen Studienjahren von Frau Bakshi unterliegt damit der Begrenztheit ihrer biologischen Erscheinung, denn es lässt sich immer nur in der Form anwenden, wie es u.a. die psychologischen Dispositionen zulassen. Ein Defizit in der Sprache des Migrationslandes hemmt damit die Verwertung von Wissen und Können. Sie wird dadurch gezwungen, prekäre und unterqualifizierte sowie unterbezahlte Tätigkeiten aufzunehmen.

Einen weiteren Grund sieht sie in ihrer langjährigen Unkonzentriertheit auf das deutsche System.

> „meine Tochter ist da geboren und äh ja sie ist seit sechs Jahre hier die ist nicht so lange und äh deswegen ich auch immer dahin gegangen wegen meine Tochter, wegen meine Studium aber ich denke ich hab Fehler gemacht" (Frau Bakshi Z.95-97)

Wie bereits zu Beginn dieses Abschnittes erwähnt wurde, wechselte Frau Bakshi noch fünf Jahre nach ihrer eigentlichen Migration – in der sie bedingt durch ihren Mann sogar schon anhand ihrer Niederlassungserlaubnis rechtliche Gleichstellungsmerkmale aufwies – aller sechs Monate zwischen Indien und Deutschland hin und her, um dort ihr Studium zu vollenden. Obgleich sie dies auch so realisieren konnte, bemerkt sie im Nachhinein, dass das ein Fehler war. Die fehlende Konzentration auf ihre Bildungs- und Berufskarriere in Deutschland – obgleich diese auch aufgrund ihrer in Indien zurückgelassenen Tochter entstand – hat letztlich dazu geführt, dass ihr kulturelles Kapital entwertet wurde, obwohl es in dieser Zeit eine Anreicherung erfuhr und sogar zu einem Doktortitel führte. Paradoxerweise und für sie völlig unlogisch finden sich trotz mehrfacher akademischer Abschlüsse lediglich Anstellungen für unter- und mittelqualifizierte Tätigkeiten, was sie dazu bringt, ihre ganze akademische Laufbahn in Frage zu stellen. Die Paradoxie liegt für sie vor allem im Sprachdefizit begründet, welches ihr bis jetzt alle Türen verschließt. Eine Konzentration auf ihr Leben in Deutschland hätte dafür einen Grundstein gelegt und den roten Faden ihrer Karriere beginnen können. Die weggelaufene Zeit wirkt sich sehr stark auf ihre Arbeitsmarkt- und Bildungschancen aus, was sie durch ihre in Indien erworbenen Abschlüsse nicht kompensieren kann. Mittlerweile ist sie sich ihrer Fehler bewusst und hat ihren Fokus ausschließlich auf ihre deutsche Karriere gesetzt.

Beate Krais verwies bereits 1983 auf einen Effekt großer Tragweite in Bezug auf den fehlenden Arbeitsmarkteinstieg trotz des hochgradigen Bildungskapitals von Frau Bakshi. In ihrer Forschung zum Zusammenhang zwischen Bildung und Arbeitsmarkterfolg stellte sie fest, dass zwar eine hohe Investition in den Schulbesuch bzw. weiterführende Bildungsmaßnahmen den Erfolg erhöhen, jedoch diese Investition mit zunehmender Zeit zu einer sinkenden Ertragsrate führt. In den ersten Jahren steigt die Ertragsrate noch, fällt aber mit jedem weiteren Jahr, sodass aus dieser Überinvestition kein Profit gezogen werden kann.[107] Frau Bakshis langwierige akademische Bildungslaufbahn kann als eine solche Überinvestition interpretiert werden.

In den Äußerungen von Frau Bakshi spielt immer wieder die Zeit eine Rolle, die sie durch bestimmte Hürden verliert. Sei es durch die Fehleinschätzungen des Job-Centers, wenn es um geeignete Maßnahmen wie Sprachkurse geht, welche nicht auf ihre Ziele ausgerichtet sind, oder durch die langwierigen Ausbildungen, welche sie erst absolvieren müsste, wenn sie in Deutschland selbst niedrig gestuften Beschäftigungen nachgehen will, oder insgesamt betrachtet durch ihre verstreichende Lebenszeit, in der sie noch arbeitsfähig ist, da sie zum Zeitpunkt bereits über 40 Jahre alt ist. Eine wesentliche Tragweite nimmt der Faktor Zeit aber im Kontext ihrer gesamten Migration ein. Es gelingt ihr durch die Doppelorientierung nicht ihre Migrationsphase zeitnah abzuschließen. Sie orientiert sich dabei sowohl an ihrem Studium, um dieses abzuschließen, als auch familiär. Letzteres ist jedoch wiederum

---

[107] vgl. Krais 1983, S.202

ambivalent, da sie zwar in Deutschland bei ihrem Mann und ihrem Sohn lebt, ihre Tochter aber in Indien geblieben ist. Die regelmäßigen Reisen dorthin, sind also auch daran orientiert, wobei nicht gesagt werden kann, wo ihr Schwerpunkt dabei lag.

Frau Bakshi kam aufgrund ihres Mannes nach Deutschland. Ihre Bleibemotive variieren davon aber leicht.

„Y   Würden sie gern wieder zurück nach Indien?
B   Ne (1) hier meine Kinder wollen auch nicht wir haben hier zwei Häuser gekauft (1) ja ich habe gesagt meine Mann ist ein Elektriker erse hat Weiterbildung Elektronik gelernt aber leider kriegt auch keine Arbeit und er bew- er beworbt sich aber ja kriegt er nicht und das ist mit Bankkredit und jetzt wir haben schön ( ) //hmm// meine Kinder wollen auch nicht zurück äh meine Tochter ist 13 und die geht Gymnasium achte Klasse Sohn ist acht und der geht auch dritte Klasse und geht's gut mit lernen kein Problem die helfen mir auch" (Frau Bakshi Z.84-91)

Frau Bakshi sieht ihre Zukunft mittlerweile auch bewusst in Deutschland und hegt keine Rückkehrabsichten, obwohl ihr Mann im Moment krankheitsbedingt arbeitslos ist und trotz mehrmaliger Bewerbungen keine unmittelbare Aussicht auf eine Erwerbstätigkeit besitzt. Ausschlaggebend für die Bleibeabsicht sind einerseits ihre Kinder, welche erstens nicht zurück wollen – zumal ihr jüngstes Kind auch in Deutschland geboren wurde und nahezu keine Verbindung zu Indien besitzt – und zweitens in Deutschland zur Schule gehen und diese sehr erfolgreich absolvieren. Andererseits spielt ein Kredit für zwei Häuser eine entscheidende Rolle, da dieser abbezahlt werden muss. Ihr Bleibemotiv orientiert sich demnach vorrangig an ihrer familialen Situation, d.h. an ihrer Ehe und den zwei Kindern. Da Frau Bakshi und ihr Mann bereits vor der Migration eine gemeinsame Tochter hatten, kann davon ausgegangen werden, dass dieses familiale Bleibemotiv nicht erst seit kurzer Zeit besteht. Der gemeinsame in Deutschland geborene Sohn verstärkte dann diese Orientierung noch. Zudem verspricht der Ausbildungsstatus ihres aktuell arbeitslosen Mannes, der schon lange und beruflich erfolgreich in Deutschland lebte, eine positive ökonomische Aussicht.

Zusammenfassend sind die Äußerungen von Frau Bakshi geprägt von ihrer akademischen Bildungsbiographie, Sprachdefiziten und sozialen Kontakten: 1. So sticht die akademische Laufbahn scheinbar als Fluch und als Segen heraus. Der Segen ergibt sich aus den hochgradigen formalen Abschlüssen sowie dem damit verbundenen informellen Erfahrungswissen. Auf dem Arbeitsmarkt steht sie damit als Hochqualifizierte. Unter Berücksichtigung einer adäquaten Verwertung dieses Kapitals in Deutschland wird der Fluch sichtbar. Damit ist weniger gemeint, dass es nur wenig Akzeptanz und Honorierung erfährt, als vielmehr, dass sie aufgrund dessen von Arbeitgebern als zu hochqualifiziert eingeschätzt wird und damit keine Arbeit bekommt. 2. Ihre Sprachdefizite wirken sich insgesamt drastisch auf ihren weiteren Werdegang aus. Sie bestimmen formal wie informell ihre Möglichkeiten zur Integration in verschiedenste Bereiche. 3. Sehr bezeichnend sind dagegen für sie die sozialen Kontakte, die sich sowohl auf ihr Herkunftsmilieu als auch milieuübergreifend vollziehen. Beide Ebenen verschaffen ihr unterschiedliche Arbeitsmöglichkeiten in jedoch ausschließlich prekären Verhältnissen, in denen sie fast keine Rendite aus ihrem Kapital ziehen kann.

Frau Bakshi muss sich damit verschiedenen Statuswechseln unterwerfen. Als Hochqualifizierte in Indien beginnend, lernt sie ihren späteren Ehemann kennen, geht demnach in den Status der Ehefrau und später sogar einer zweifachen Mutter über. Lange Zeit versucht sie beides adäquat zu bewerkstelligen, was ihr aber nicht gelingt, obwohl sie rein formal diese Status beibehalten kann. Auf die Praxis bezogen gelingt ihr dies nicht. Sie muss unterqualifizierte Tätigkeiten ausüben und wird sogar noch für ihr erworbenes Wissen und Können diskriminiert. Einzig eine bedarfsorientierte Stelle als Sprachlehrerin macht den Anschein einer adäquaten Verwertung ihres kulturellen Kapitals. Parallel erweitert sich ihre familiäre Orientierung. Frau Bakshi versucht ständig beiden Orientierungen gerecht zu werden.

6.2. Mittelqualifizierte BildungsausländerInnen – Der Fall von Frau Suvorov

Frau Suvorov wurde 1976 in Moldawien geboren. Dort besuchte sie nach eigenen Angaben die beste Schule des Landes und verbrachte ihre Freizeit vor allem mit sportlichen Aktivitäten, wie Schwimmen, aber auch mit kreativen Tätigkeiten, wie Malen, Skulpturen anfertigen und Tanzen. Im Alter von 15 Jahren wird sie durch ihre Eltern mit einem fremden Mann zwangsverheiratet.

> „dann äh dann ich war 15 Jahre alt meine Eltern haben mich geheiratet in einen Mann also bei uns @gibts noch sowas@ (1) und haben gesagt ich muss bleiben zu Hause ich bin Hausfrau (.) habe gesagt <u>nein</u>" (Frau Suvorov Z.4-7)

Zwar konnte sie sich nicht gegen die Heirat wehren, wohl aber gegen den Wunsch ihrer Eltern, dass sie zu Hause bleiben und als Hausfrau und Mutter tätig sein soll. In diesem Widerstreben kommen deutlich ihre bisherige Bildung auf der besten Schule Moldawiens als auch ihre sehr kreativ anmutenden Freizeitaktivitäten zum Vorschein, da sie vor allem durch die gute Schulbildung eine aufgeklärtere und von Traditionen losgelöste, moderne, zielorientierte und frauenstarke Weltvorstellung besitzt.

Sie besuchte eine Abendschule und absolvierte parallel dazu eine zweijährige Berufsausbildung zur Bäckerin und Konditorin. Danach beginnt sie erneut für ein Jahr eine Berufsausbildung als Sekretärin. Schließlich ergänzt sie die bisherigen Ausbildungen mit einem Kurs zur Näherin. Warum sie sich für eine derartige Bandbreite entschied, welche sowohl das Handwerk als auch administrative Tätigkeiten umfasst, ist unklar. Zu vermuten ist, dass sie anfangs noch nicht wusste, welche Richtung sie einschlagen möchte. Erst mit einer gewissen Reifung hat sie erkannt, dass ihr eine Anstellung im „white collar"-Sektor am meisten zusagt. So arbeitet sie ab 1990 für acht Jahre in der moldawischen Nationalbank im Bereich Postzustellung und anschließend für drei Jahre bei einem anderen Finanzinstitut. Um diese Richtung zu vertiefen, beginnt sie im Anschluss daran 2001 ein Hochschulstudium im Bereich Wirtschaftsmanagement mit einem Anteil deutscher Sprache. Dieses kann sie jedoch aus persönlichen Gründen nicht vollenden – dazu später mehr. Ohne einen genauen Zeitraum erwähnt sie zusätzlich noch eine Tätigkeit in einer Werbefirma als Plakate-Designerin, worin sich wiederum ihre kreative Ader dokumentiert.

Im privaten Bereich ergeben sich für sie ab 1997 gravierende Veränderungen, die sich auch maßgeblich auf ihre Bildungsbiographie auswirkten.

> „äh mit 21 Jahre hab ich ein Kind bekommen (.) Sohn (2) ä::h mit 28 Jahre hab ich mein ersten Ex-Mann verloren also hat (.) weggegangen @(.)@ dann was war (1) also mit 30 Jahre äh:: meine Schwester hat mich mit ein Mann von Deutschland hat eine gute Mann (1) in äh das war 2005 und in 2006 wir haben also telefonisch er war bei mir zu Hause zwei Wochen (.) war sehr nett (.) sehr lieb (.) hab ich gedacht er hat Mutter Lehrerin von Deutsche Sprache (.) Vater äh Chirurg Medizin (.) er war sehr nett er hatte gute Familie (.) ich wollte immer zwei Kinder haben (1) er hat gesagt er wohnt äh in Wald für mich war egal ich wollte Familie und Hauptsache guter Mensch (atmet tief ein) und in 2006 ich musste Prüfung machen also:: um Diploma zu bekommen (.) staatliche Prüfung in Akademie (.) also passiert dass in gleiche Zeit ich Visum nach Deutschland bekommen und die- diese Zeit ich musste Prüfung machen (…) und ich habe gedacht erstmal ich fahre nach Deutschland (.) ich heirate da und dann im nächste Jahr ich äh komme zurück nach mein Heimatland ich mach Prüfung (.) bekomme Diplome und alles perfekt" (Frau Suvorov Z.23-34)

Am interessantesten an dieser Äußerung scheint das Gegenspiel von familialen und bildungsbezogenen Orientierungen zu sein, was grundsätzlich nicht gegensätzlich sein muss. Bei Frau Suvorov sind es aber vor allem die zeitgleichen Ereignisse von Visum und Diplomprüfung, welche einen Wendepunkt markieren, da sie sich gegen die Prüfung und für eine Reise zu einem noch weitgehend fremden Mann nach Deutschland entscheidet, wohlwissend dass sie ihr Studium später auf jeden Fall beenden wird. Sie muss jedoch eine andere Feststellung machen.

> „äh (.) ich durfte nicht arbeiten ich durfte nicht lernen nix //hmm// er hat mich in Wohnung geschlossen das war (.) ich hab meine eigene meine Mutterspruch- äh äh Sprache ge- äh vergessen (.) hab ich kein Deutsch @gelernt@ also ich war //ja// (.) @(.)@ ich war am Boden ich war wie eine (unverständlich)" (Frau Suvorov Z.67-70)

Sie beschreibt ihre Situation nachdem sie nach Deutschland kam und ihren Mann heiratete. Dieser bevormundete sie in jeder Situation und verbot ihr sogar das Haus zu verlassen. In dieser Phase kommt es zu einer Stagnation und sogar zu einer Eliminierung ihres kulturellen Kapitals. Durch die fehlende Verbindung zu sozialen Kontakten misslingt ihr nicht nur der Deutschspracherwerb, sie vergisst zudem auch noch beinahe ihre Heimatsprache. Dieser fehlende Umgang beschränkt sie demnach auch in ihrer mentalen Entwicklung, da sie für eine lange Zeit keine Erfahrungen im sozialen Umgang erlangt. Auch das Fernhalten von Bildungsmöglichkeiten lässt sie in ihrer Entwicklung und vor allem ihrem kulturellen Kapital stagnieren. Neben diesen mentalen Einschnitten, ist sie zudem nicht in der Lage ihren formalen Studienabschluss nachzumachen, was auch durch die Prüfungsordnung der Universität beschränkt wurde.

> „Und jetzt ich hab kein Möglichkeit diese Dip- äh Prüfung zu machen weil bei uns (.) nur drei Jahre ähm also nach dem (.) wann hast du (.) also in diese Jahr habe ich fünf Jahre gelernt (.) und nach fünf Jahre ich darf nur drei Jahre versuchen äh diese Prüfung machen ne haben sie verstanden //ja// nachzuholen diese Prüfung //ja// ist schon @zu spät@ //OK// ja" (Frau Suvorov Z.144-148)

Damit wird noch einmal die Tragweite ihrer Entscheidung für das Visum deutlich. Statt ihrem damaligen Freund zu folgen, hätte sie ihr Studium abschließen und damit ein höheres kulturelles Kapital vorweisen können. Stattdessen entschied sie sich gegen das Studium und schob die abschließende Prüfung auf. Da sie dann jedoch unter „Hausarrest" durch ihren Mann gestellt wurde, konnte sie ihre Prüfung nicht nachholen. Mittlerweile ist die Zeit dafür so weit vorangeschritten, dass die Regularien der moldawischen Prüfungsordnungen ihr eine Prüfung verbieten.

Mit Bezug zu ihrem Studium äußert sie aber noch Folgendes.

> „das ist wichtig für (.) Anerkennung //hmm// aber weißt hoffentlich //ja// hoffentlich //ja da sie ja sonst 5 Jahre umsonst studiert-// äh nein nicht umsonst äh wissen sie ohne Studium diese Studium hat mich kräftiger gemacht also so mein Wissenschaft //ja// das ist wichtig für mich selber //hmm// egal das das hab ich für mich gemacht //hmm// das wie eine::: äh ein Vogel mit (.) ohne Studium äh Vogel ohne: diese //Federn// ja @und ich hab schon Federn@" (Frau Suvorov Z.136-142)

Die Anmerkung des Interviewers, dass die Anerkennung für sie sehr wichtig ist, da sie andernfalls umsonst studiert hätte, verneint sie sofort. Ihr Studium ist zwar formal nicht abgeschlossen, doch konnte sie die Studieninhalte für sich nutzen und ihre

Persönlichkeit prägen und stärken. Dabei handelt es sich sowohl um das formal erworbene Wissen innerhalb der Studienveranstaltungen, als auch um informell gemachte Erfahrungen, die sie während des Studiums machte, wie bspw. kritisches Denken, eigene Lernmethoden oder die Organisation von Studium und Freizeit unter Berücksichtigung der Alleinversorgung ihres Sohnes. Obgleich sie diese Erfahrungen für sich mitnehmen konnte, bringen ihr diese nichts auf dem Arbeitsmarkt, da diese nicht zertifiziert sind, denn – so Bourdieu – erst der Titel verleiht „dem von einer bestimmten Person besessenen Kulturkapital institutionelle Anerkennung"[108].

Frau Suvorov musste in dieser ersten Zeit in Deutschland erhebliche Statuseinbußen verzeichnen. Während sie parallel zur ihrem Studium nur für eine kurze Zeit nach Deutschland kommen wollte, wurde sie offensichtlich von ihrem damaligen Mann überredet, in Deutschland zu bleiben. Der Rest ist bekannt. Damit gelingt es ihr zum einen nicht ihr kulturelles Kapital aufzubauen und dieses zu verwerten, zum anderen verliert sie sogar ihren formalen Status als Studentin in ihrem Heimatland, den sie auch nicht wieder erlangen kann.

Was die Anerkennung ihrer erbrachten Studienleistungen angeht, so ist sie aktuell damit beschäftigt, alle Papiere unterzeichnen und abstempeln zu lassen. Dabei ist sie sich jedoch noch unklar, ob eine Anerkennung ohne Abschluss überhaupt möglich ist. Hilfreich wäre es für sie, da sie so das Studium in Deutschland beenden könnte. Während dieser Zeit, bildet sie sich in einem Sprachkurs weiter, da sie weiß, dass sie für die Anerkennung und die Studienaufnahme eine gute deutsche Sprachkompetenz benötigt.

Die deutsche Sprache spielt in ihren Äußerungen immer wieder eine Rolle, wie bspw. im folgenden Abschnitt.

> *„(atmet ein) Leider ich bin Ausländer und ich hab nicht so gute Sprache //aber wenn sie die Sprache haben// @ja gerne@ //und auch Bäckerei wäre das auch was für sie// äh ich hab ich bin Alleinerziehende äh also wann ich hab wann äh ich arbeiten in Reinigung das ist schon @(.)@ für mich egal welche Arbeit //ja OK// ich kenn viele und ich sterbe nicht vor Hunger @(.)@ (...) und ich wollte jetzt in Uni gehen und niemand bezahlt mir Böfög und nix weil ich bin zu alt und ich hab zwei Kinder und ich muss kämpfen weiter" (Frau Suvorov Z.95-103)*

In einer Unterhaltung mit dem Interviewer über mögliche Berufssparten geht sie vor allem auf die Hinderungsgründe ein, die ihr eine erfolgreiche Arbeitsmarktintegration sowie die Teilnahme an Weiterbildungsangeboten versagen. Interessanterweise sieht sie zuallererst ihre Schwäche in ihrem Status als Ausländerin, was sie sogar bedauert. Dies impliziert, dass sie damit bereits schlechte Erfahrungen gemacht hat

---

[108] Bourdieu 1992, S.62

und evtl. sogar schon Diskriminierungen erdulden musste. Das deutlich vernehmbare Einatmen zu Beginn verstärkt diese Vermutung noch zusätzlich. Einen weiteren Schwachpunkt sieht sie in ihrer deutschen Sprachfähigkeit, die sie trotz ihres studienbegleitenden Deutschkurses nicht anwenden kann. Zuletzt spielt ihre familiale Situation eine Rolle. Sie ist momentan alleinerziehend mit zwei Kindern und kann daher nicht jede Anstellung annehmen. Sie verweist dabei auf eine erneute Bäckereitätigkeit, bei der die ungünstigen Arbeitszeiten eine Hürde darstellen. Hinzu kommt ihr fortgeschrittenes Alter, wodurch sie keine Unterstützungsleistungen für ein erneutes Hochschulstudium bekommen kann. Obgleich sie gute Qualifikationen mitbringt, welche zudem auch in Bereichen anwendbar sind, in denen es nur geringe Stellenüberlastungen gibt, kann sie diese und damit auch ihr gesamtes kulturelles Kapital nicht adäquat nutzen. Frau Suvorov muss sich daher in andere Tätigkeitsbereiche begeben, was sich zuerst in ihrer Motivation widerspiegelt.

> „ich muss für äh also hart kämpfen weil wann ich arbeite nicht (.) ich muss arbeiten Vollzeit weil wann ich arbeiten nicht ich bekommen kein deutsche Pass //hmm// und mein Sohn wann bekommt 18 äh wann wird 18 Jahre alt er muss verlassen Deutschland (.) und ich kann nicht also so eine Situation" (Frau Suvorov Z.50-53)

Ihre Motive zu arbeiten sind ganz klar familiär orientiert. Sie möchte nicht, dass ihr Sohn mit 18 Jahren nach Moldawien abgeschoben wird. Daher benötigt sie einen deutschen Pass, den sie nur durch eine längere Phase der Berufstätigkeit erhält. Die Tatsache, dass sie dafür zum Zeitpunkt des Interviews nicht mal mehr vier Jahre Zeit hat – denn der Sohn ist 14 Jahre alt – verschärft ihre Not Arbeit zu finden. In diesem Sinne kann sie sich nicht auf ihr mitgebrachtes kulturelles Kapital stützen, sondern muss andere weitaus unangenehmere Anstellungen annehmen.

Auf dem Weg dorthin nutzt sie verschiedene Methoden. Zunächst schildert sie ihre Annonce im Internet für eine Stelle im Reinigungsgewerbe und in der Kinderbetreuung. Obgleich sich darauf auch seriöse Interessenten melden, ist der größte Teil sehr unseriöser Natur.

> „S   Ja aber äh Kleinanzeige äh ich könnte also (.) (atmet hörbar aus) das ist (.) gute Seite (.) aber ich hab bekomme ehrlich gesagt viele schlechte äh Angebote (.) von 100% so: 10 normale wegen Arbeit andere- (.) //ah OK @(.)@// äh ja schlimmer @(1)@
> Y   Für was haben Sie sich da beworben
> S   Äh Reinigungs- Fensterputzen //ja// Kinderbetreuung (2) und 10% wegen Reinigung und Kinderbetreuung und @90% ich will nicht sagen was@" (Frau Suvorov Z.72-77)

Motiviert durch die Abbezahlung ihrer Schulden, stellt sie auf einer Internetbörse Gesuche für Stellen im Reinigungsgewerbe und in der Kinderbetreuung ein. Positive Antworten halten sich dabei in Grenzen. Es handelt sich daneben hauptsächlich um sexuelle und perverse Angebote, was sie jedoch nicht so ausspricht, da es ihr offensichtlich und verständlicherweise peinlich zu sein scheint. Obwohl sie sich dieser Diskriminierung hingeben muss, die möglicherweise durch ihre osteuropäische Herkunft und den damit verbundenen prostituierenden Klischees entstanden, hat sie mit der Anzeige keinen echten Erfolg im Sinne eines Arbeitsmarkteinstieges. Vielmehr ergibt sich dieser durch die Aktivierung von Freunden und Bekannten.

> *„ich hab ich kenne weniger Leute aber wem ich kenne ich hab gesagt wer weiß etwas wegen Arbeit sagen mir Bescheid (.) meine äh Freundinne also von Fraunhaus hat gesagt also die hat eine Freundinne und also ich bekomm Telefonnummer ich hab getroffen ein äh mit Chef von (.) eine Firma und die hab bekommen Arbeit (.) für zwei Stunden jeden Tag in Reinigungs(.)firma äh" (Frau Suvorov Z.43-47)*

Sie nutzt jeden möglichen Kontakt, um zu erfahren, wo sie arbeiten könnte. So ergibt es sich, dass sie von einer Freundin eine Telefonnummer erhält, welche ihr zu einer Anstellung im Reinigungsgewerbe verhilft. Obwohl ihr soziales Kapital im obigen Sinne nur klein ist, kann sie daraus eine Rendite erzielen, auch wenn diese gemessen an ihrem kulturellen Kapital eher gering ausfällt. Die Rolle der Freundin lässt sich im Sinne eines Initiators oder eines Katalysators begreifen, der erst den entscheidenden Anstoß gibt, im Anschluss daran jedoch wieder verschwindet.

> *„Y   Und sie arbeiten ja jetzt zurzeit auch haben sie ja gesagt in einer Reinigungsfirma //ja// äh wie waren so die ersten Tage (.) dort zu arbeiten*
> *S   (atmet ein) äh schwer (1) das ist normal weil äh ich hab schon lange nicht gearbeitet und äh: also physisch (.) physisch habe ich gearbeitet wann ich war in Bäckerei gearbeitet (.) das nicht kleine Bäckerei bei uns aber wie ein Fabrik groß (.) da physisch habe ich gearbeitet und ab dann //hmm// (.) neu jetzt in Deutschland hab angefangen (.) aber ich sage immer (.) wann ich gehe zur Arbeit mit meine äh Kollege @wir gehen Fitness Fitness kostenlos@ (.) und das: hilft //ja// Leben ist nicht so einfach aber wir müssen kämpfen (.)" (Frau Suvorov Z.78-86)*

Eine erfolgreiche Arbeitsmarktintegration konnte sie bislang nur marginal erreichen. Hier beschreibt sie anhand ihrer Anstellung bei einer Reinigungsfirma vor allem die Veränderung zur Arbeitslosigkeit und kontrastiert das physisch anstrengende Arbeitsumfeld und die Aufgaben mit ihren Tätigkeiten im „White Collar"-Sektor. Dennoch zeigt sich auch, dass sie diese Anstrengungen versucht zu ignorieren, indem sie diese als kostenloses Fitnessprogramm betrachtet. Diese Einstellung hilft ihr sehr dabei, ihren momentanen Zustand zu akzeptieren. Auch wenn diese Tätigkeit auf den ersten Anblick nicht sehr förderlich für ihre weitere Karriere scheint, so ist dennoch besonders in der benannten physischen und einer gewissen psychischen Belastung aufgrund des schlechten Rufes solcher Tätigkeiten ein Entwicklungspotenzial zu sehen. Dieses kann sich bei Bewerbungen äußern, wenn der Arbeitgeber erstens ihre körperliche Belastbarkeit und zweitens anhand ihres Mutes als Reinigungskraft zu arbeiten ihre generelle Arbeitsmotivation einschätzen will. Ihr gelingt damit also immerhin ein kleiner Schritt beim Aufbau individueller Kompetenzen.

Schließlich schafft sie es doch noch, ihr inkorporiertes kulturelles Kapital zu nutzen, auch wenn dies nur wie ein Tropfen auf den heißen Stein erscheint.

> „und ich jetzt ich äh ha- äh also für Leute welche ich kenn ich zeichne Porträte //hmm// und ich verdiene ein bisschen Geld dazu" (Frau Suvorov Z.60-62)

Dabei handelt es sich um ihre frühere außerschulische Tätigkeit des Zeichnens, was sie nun nutzt, um für Bekannte und Freunde Porträts anzufertigen. Dies bringt ihr wiederum finanzielle Mittel ein. Auch wenn es sich bei dieser Tätigkeit nur um eine kleine und dazu noch nur informell bzw. non-formal gelernte Fähigkeit handelt, ist eine Nutzung dieser ihre eigene Leistung. Die kreative Phase ihrer Jugend kann sich Jahre später und hunderte von Kilometern entfernt von ihrem Heimatland fortsetzen und rentieren, wenn auch nicht auf dem Arbeitsmarkt.

Der Fall von Frau Suvorov stellt auf den ersten Blick nicht die typische mittelqualifizierte Bildungsausländerin dar, sondern zeigt Ansätze einer Hochqualifizierten. Sie besitzt mehr als nur eine berufliche Ausbildung und hat sogar ein Studium begonnen. Doch gerade letzteres sagt deutlich, dass ihre Orientierung am zentralen Wendepunkt, nämlich der Entscheidung Visum oder Diplom, nicht bildungsbezogen, sondern familial ausgerichtet war. Und diese Orientierung zieht sich auch durch ihre gesamte Zeit in Deutschland, was aufgrund ihrer Situation mit zwei Kindern, ohne festen Partner und dem geteilten Sorgerecht für ihre Tochter durchaus nachvollziehbar ist. Obwohl sie ein ausgeprägtes kulturelles Kapital vorweisen kann, stehen ihr Hürden wie die familienrechtliche Gebundenheit im Wege. Zudem kommen sprachliche Defizite, die sie nicht nur beruflich hemmen, sondern auch beim Aufbau ihrer sozialen Kontakte nicht förderlich sind. Dabei könnten ihr gerade diese dabei helfen den Arbeitsmarkteinstieg zu schaffen, wie es sich bereits einmal ergab. Nicht zu vergessen ist auch ihre Deprivationsphase zu Beginn ihrer Zeit in Deutschland, die ihr sowohl psychischen Schaden zugefügt, als auch wertvolle Zeit geraubt hatte. Insgesamt kann sie ihr mitgebrachtes kulturelles Kapital demnach nicht verwerten.

6.3. Unterqualifizierte MigrantInnen – Der Fall von Herrn Said

Herr Said wurde in Ägypten geboren. Von seinem richtigen Geburtstag weiß er nur, dass es in einem Winter war. Zu dieser Zeit war es der ländlich lebenden Familie nicht möglich in die nächst größere Stadt zu reisen, um dort die Geburtsurkunden zu beantragen. Hier spielte vor allem auch die Angst des Vaters seinen Militärdienst ableisten zu müssen eine Rolle. Herr Said bekam seine Geburtsurkunde erst im Alter von ca. sechs Jahren. Die ganze Familie ging dazu zusammen zu einem Arzt, welcher das Alter jedes Kindes schätzte. So kam es, dass er und seine Geschwister unterschiedlichen Alters, denn auch diese hatten nicht sofort eine Geburtsurkunde, am 11.12. geboren sind und nur das Jahr variiert. Herr Said wurde folglich auf das Jahr 1986 geschätzt.

Er ging wegen des Krieges in Ägypten erst spät zur Schule, wobei er sein Alter auf etwa sieben schätzt. Seine Leistungen dort sind gut. Nach elf Jahren „Grundschulzeit" wechselte er ebenfalls aus Angst vor dem Militärdienst auf eine technische Hochschule. Nach einem Jahr verbrachte er seine dreimonatigen Sommerferien in einer 24-Stunden entfernten Hafenstadt in Libyen, um dort in einem Restaurant als Tellerwäscher zu arbeiten.

> *„Abend nach Arbeit da hab ich immer Kaffee getrunken und da hab ich Leute kennengelernt (1) dass die da die sind da nur nach Italien zu gehen die sind da die suchen jemanden die mit Schiff nach Italien bringt (1) und dann einer hat mir gesagt das war auch aus Ägypten auch und dann willst du mit kommst du mit und so und ich ich hatte Angst weil das hab ich nie gedacht mit Wasser weil hab ich immer in Ägypten nene Nachrichten gesehn oftmal hab ich gesehn dass die Schiff mit Paar hundert Leute sind äh wie heißt dass //gesunken// ja die ganze mit also ich hab das oftmal gesehn und das hab ich immer mal geweint und das war immer traurig und da hab ich gesagt nie nie mit Schiff will ich gar (unverständlich) in Ägypten bleib ich für immer aber ich geh nicht mit Schiff (1) entweder im Flug (1) also mit Visum oder gar nicht (atmet tief ein) und weil ichs oftmal versucht das hat nicht geklappt und hab ich darum gedacht ne er hat mir erzählt da so und das kostet nix so und das ist 2000 $ und das hab ich immer nachgedacht immer nachgedacht und einmal kommt und sagt wir gehen morgen (1) du mussen dich entscheiden (.) du kommst mit oder nicht //auf dem Schiff// ja (.) dann hab ich mich einfach entschieden ja Ok ich komm mit (1) ich hab zweimal da gearbeitet ich hatte nicht so viel Geld ich hatte vielleicht 1000 $ also da verdient man nicht so viel mal im Monat also maximal 500 $ //hmm// und in äh äh diese Dings ne Restaurant ja und viel Arbeit hast vierz- vierzehn Stunde arbeiten durch da richtig viel (.) dann hab ich gesagt Ok ich komm mit versuchen wir (1) also ich hab so gesagt äh ich sterb sowieso hier (1) ich bin fast tot also in Ägypten fast also nix zur Schule und ich hab in meiner Familie sind meine äh ganz viele äh meine Cousine die haben richtig sehr gute Schulabschluss also Hochschule und Arzt oder Lehrer oder äh Architekten aber er hat keine Arbeit seit ach- 1985 (1) die (unverständlich) studiert fast 17 18 Jahre an Schule und Hochschule ja und dann am Ende sitzen sie zu Hause nix keine //hmm//"* (Herr Said Z.1-25)

In diesem Restaurant lernte er ein Paar Leute kennen, die ihm erzählten, dass sie mit einem Flüchtlingsschiff einer dubiosen Untergrundorganisation nach Italien gehen würden. Obwohl er ebenfalls schon immer nach Italien ziehen wollte – vor allem aufgrund der schlechten wirtschaftlichen Lage in Ägypten – wollte er nie mit einem Flüchtlingsschiff illegal dorthin, sondern entweder mit Visum per Flugzeug oder gar nicht. Dennoch entschied er sich 2005 mit ihnen zu gehen.

An dem obigen Abschnitt lassen sich sehr gut seine Motive zu dieser Entscheidung erkennen. Während sein früherer Wunsch nach Italien zu gehen mehr an Exploration ausgerichtet war, so stellte dann die aktuelle politische und vor allem wirtschaftliche Situation Ägyptens für ihn den drastischsten Grund dar. Dabei war er sich bewusst, dass er keine gute Schulbildung besitzt, obgleich er nicht unbedingt als ungebildet gelten muss, ihm fehlen schlicht die nötigen Titel. Seine Perspektivlosigkeit in diesem Land wird noch stärker, indem er schildert, dass Teile seiner Verwandtschaft auch mit akademischen Titeln keine Arbeit finden konnten. Die anstehenden Gefahren auf der Reise waren ihm bewusst, doch gemessen an seinem Status in Ägypten schien ihm der schlimmste aller Ausgänge immer noch lieber zu sein als in Ägypten zu bleiben, da er ohnehin *„fast tot"* war.

Auf der Reise waren es dann insgesamt ca. 170 Personen – hauptsächlich aus dem nordafrikanischen Raum – wobei auch Schwangere und Babys dabei waren. Er wurde mit all diesen Menschen in LKW's teilweise übereinander verladen und unter schwierigsten Platzbedingungen zum Hafen gefahren. Von hier an hatte er auch keine Möglichkeit mehr seine Meinung zu ändern, da er die teils bewaffneten Männer der Organisation – er bezeichnete sie auch als Mafia – bereits gesehen hatte und bei einer Rückkehr eine Gefahr für sie darstellen würde. Auf dem Flüchtlingsschiff verbrachte er die 36-stündige Überfahrt nach Italien, auf der auch viele der Mitreisenden starben. Nachdem er in Italien ankam, ging er zu Bekannten nach Mailand und fand dort für acht Monate Unterschlupf.

> „Dann hab äh da hab ich da geblieben (.) acht Monate hab ich vielleicht (.) weniger als ein Monate gearbeitet und da muss man Miete bezahlen und und und da hab ich (atmet ein) dass da in Winter die Leute nicht arbeiten in Sommer arbeiten weil die am meisten arbeiten Baustelle //hmm// da hab ich ni- das ka- äh ich: bleib da nicht mehr ich geh nach Deutschland weil ich hab hier Cousin (.) also: bei Onkel und ich hab auch Bruder hier (.) hab ich ni- ich geh da zu meine Bruder besser (1) dann bin ich in: Zug (.) also ich hab immer gehört dass das wird imme:r Kontrolle und so ich hab ich hatte rich- richtig Angst aber das hat geklappt" (Herr Said Z.27-34)

Um seine Miete zu bezahlen, arbeitete er wiederum in einem Restaurant für ungefähr drei Monate. Nachdem er acht Monate in Italien lebte und dort auch arbeitete, stellte er fest, dass es im Winter in Italien keine Arbeit gibt, sodass er beschloss zu seinem Bruder nach Hamburg zu gehen. Diese Reise nahm er auf sich, obwohl er dafür kein Bahnticket besaß, sich der Kontrollen jedoch bewusst war.

Herr Said besaß auf seiner ganzen Reise von Ägypten, über Libyen, Italien bis nach Deutschland eine Ameliorationsorientierung, d.h. die wirtschaftliche Situation in Ägypten war existenzbedrohend, sodass er woanders bessere Gegebenheiten suchte und zwischenzeitlich für einen kurzen Zeitraum auch fand. Dieser Orientierung schließt sich eine familiale Orientierung an, was durch seine Zuflucht bei seinem Bruder verdeutlicht wird. Diese beiden Orientierungen verbinden sich für ihn zu einem positiven Ergebnis, da er in Deutschland bessere Arbeitsmöglichkeiten sah und zudem familiäre Kontakte besitzt. Diese sozialen insbesondere familialen Kontakte verhalfen ihm jeweils in Italien und Deutschland zunächst dabei, nicht auf der Straße leben zu müssen. Zudem ist davon auszugehen, dass er dort auch ein gewisses Maß an Grundversorgung erhielt.

Formal betrachtet ergab sich in seiner Anfangszeit in Deutschland folgendes Problem.

> „ich wollte nicht- äh ich wollte nicht so also als ich gekommen bin Leute äh also ich hab die Leute gefragt (.) und haben gesagt mu- musst wenn du da (soldings) machen (.) du kannst nicht deine richtige Name sagen dann gehst du sofort nach Ägypten (.) weil in Ägypten keine Krieg //hmm// dann schicken dich wieder nach Äqypten und das war oft mal passiert und so (...) dann hab ich also fast alles richtig (.) äh nur mein Land //hmm// also ich hab nicht Ägypten ich hab Palästina gesagt (2) das war nur drei äh drei Jahre das war 2006" (Herr Said Z.35-41)

Seine Anfangszeit in Deutschland war wie seine gesamte Reise von Illegalität geprägt. Er besaß kein Visum und daher auch keine Arbeitserlaubnis. Um eine Abschiebung und damit den ägyptischen Militärdienst zu umgehen, musste er seine eigene Identität verheimlichen, was ihm auch von Bekannten geraten wurde. Allerdings beschränkte er sich ausschließlich auf eine Fälschung seines Herkunftslandes und wählte mit Palästina ein Land, in dem gerade Krieg war, sodass er nicht hätte dorthin abgeschoben werden können. In seinen Äußerungen wird immer wieder deutlich, dass er Angst hat abgeschoben zu werden. In seiner Verzweiflung griff er zur Verbergung seiner wahren Herkunft.

Im Jahr 2009 heiratete er dann eine deutsche Frau, die er bereits 2007 über einen Bekannten kennen gelernt hatte. Diese brachte einen Sohn mit in die Ehe, der jedoch an ADHS leidet und oft Zeit im Krankenhaus verbringt, was die Berufstätigkeit der Mutter stark beeinflusst. Seine Frau war bereits zwei Mal von Herrn Said schwanger, allerdings mussten beide Schwangerschaften frühzeitig abgebrochen werden.

Auf dem Arbeitsmarkt konnte er nicht sofort Fuß fassen, da er an gesetzlichen Hürden scheiterte.

> „immer wenn man irgendwo arbeiten äh Papiere nein dann die sagen nein //hmm// das geht nicht manche machen das aber nicht für immer ein paar Tage nur aber nicht so fest //hmm// also fest arbeiten keine Chance (2) also zwei drei Wochen vielleicht eine Monat und danach

kommt Papieren wo sind Papiere (2) wenn du nein sagst (1) dann sagt tut mir leid das kann ich nicht machen das is Risiko für mich dann verlier ich mein Laden" (Herr Said Z.44-49)

Er beschreibt hier ein generelles Problem nach Deutschland illegal zugewanderter MigrantInnen. Ohne gültige Aufenthaltsgenehmigung und Arbeitserlaubnis dürfen diese in Deutschland keine Beschäftigung aufnehmen. Nur auf der nichtlegalen Ebene sind Anstellungen möglich, die sich jedoch allenfalls auf kurze Beschäftigungszeiten von maximal drei Wochen ausdehnen können. Werden dann die Papiere eingefordert, endet diese Tätigkeit aufgrund des hohen Risikos für den Arbeitgeber schnell.

„oder mmh Lagerarbeit hab ich (atmet ein) äh in Hafen oft mal versucht (.) ein zwei Tage nur //hmm// nur ne Stunde oder (unverständlich) 40€ (.) also das ist das ist nicht Stundenlohn sondern einfach so nimmt man gehst man arbeiten von sieben oder acht Uhr bis vier fünf Uhr am Nachmittag (.) 40€ //hmm// oder Zeitung (.) Straße verteilen auch von neun bis fünf Uhr Abend für 30€ //hmm// hab ich immer gemacht damit weil ich muss Mieter bezahlen dass ich muss 150€ bezahlen Miete (2) Essen und Trinken ich brauch ähm äh brauch ich ich hab gebraucht 100€ äh" (Herr Said Z.49-56)

Dennoch schaffte er es sich in unterschiedlichen Branchen wie Hafenlagerarbeit und Zeitungszustellung ein wenig Geld dazu zu verdienen, wobei es sich dabei generell um einen Pauschallohn handelt und nicht um einen tariflich festgelegten Stundenlohn. Dieser wird zudem noch undokumentiert, unversteuert und unter der Hand übergeben.

Auch hier sind wiederum seine Äußerungen von Illegalität durchzogen, womit vor allem die Schwarzarbeit und der damit verbundene nichtversteuerte Lohn gemeint sind. Betrachtet man dies jedoch einmal aus seiner Perspektive, so wird schnell verständlich, dass er dies zu seiner eigenen Existenzsicherung tat und um damit eine Grundlage für seine eigene Karriere in Deutschland zu schaffen. Dabei sind nicht nur die monetären Mittel gemeint. Vielmehr durchlief er einen Prozess der Aneignung von Wissen und Können, das er später vielleicht einsetzen könnte.

„wir warn in eine Wohnung drei Jungs in einer Wohnung ich war mit eine eine Freund von mir der wohnt in eine Asylheim (.) der hat mich mitgenommen //hmm// nur zum Übernachten nur (.) das war schwierige Leben sehr schwierige Leben das ist aber das musst man machen (...) und dann seitdem äh hab ich äh diese Deutschkurs angefangen (.) dann hab ich mich in äh eine Freund von mir arbeit in eine Restaurant und hat mich mitgenommen (.) als Aushelfer nur weil ich hab mich nicht so gut aus (.) aber nach dem Kurs also nach Dezember sie meine Chefin hat gesagt sie (.) kann mich also fest oder Teilzeit anmelden dass ich weil ich jetzt seit mehr als ein Jahr arbeit ich da für 100 und jetzt kenn ich mich gut aus da also sie hat auch oft mal gesagt sie dass äh sie kann mich auch allein in Küche lassen" (Herr Said Z.56-67)

Eine erste feste Arbeitsmöglichkeit erhielt er durch einen Bekannten, bei dem er auch mehrmals eine Übernachtungsmöglichkeit fand. Dieser nahm ihn zu seiner eigenen Arbeit in einem Restaurant mit, in dem Herr Said fortan als Aushilfskraft arbeitete. Inwieweit hier der Grad der Illegalität bestand, ist unklar. Es scheint aber, dass er zumindest über eine Arbeitserlaubnis verfügte, da er eine sehr lange Zeit dort arbeitete. Möglicherweise hatte er diese nach der Hochzeit erhalten, da seine Frau die Bedingungen für eine Niederlassungserlaubnis erfüllte. Trotz seiner ausgeprägten Erfahrungen in der Restaurantbranche aus Libyen und Italien, musste er zunächst als Aushilfe beginnen. Aufgrund seiner schnellen Auffassungsgabe gelang es ihm aber sein inkorporiertes kulturelles Kapital zu nutzen und zu vergrößern, sodass seine Chefin ihn nach einem guten halben Jahr fest einstellen wollte. Parallel zu seiner Arbeit absolvierte er einen berufsbezogenen Sprachkurs als Maßnahme des Arbeitsamtes. Trotz dieser Doppelbelastung schaffte er es beide Bereiche in eine Balance zu bringen, was nicht zuletzt auch durch seine entgegenkommende Chefin unterstützt wurde.

Er kommt hier in den Genuss seines sozialen Kapitals. Dieses verhilft ihm in Form von sozialen Kontakten zunächst bei der Akquirierung von Arbeit. In dieser angekommen, gelingt es ihm weiteres Sozialkapital aufzubauen und zusätzlich das Vertrauen seiner Chefin zu gewinnen. Dieses wirkt sich positiv auf seine weitere Karriere aus, da sie ihn sogar nach anfänglicher Eingewöhnungszeit fest einstellen möchte. Diese Eingewöhnungszeit dient für die Chefin zur Absicherung seiner Fähigkeiten, die – wie er beschreibt – sehr gut sein müssen.

> *"meine Chefin die ist Deutsche (1) die Deutschen ist ein bisschen anders als die Italiener //hmm// Italiener wenn man bisschen kann dann (.) OK die lassen machen //ja// die geben einen Zeit aber bei Deutschen glaub ich das nicht so da muss man der Mann richtig kann (.) also ich hab gesagt ich kann bisschen" (Herr Said Z.97-100)*

Anders als in Italien muss er in Deutschland eine Tätigkeit erst richtig können, bevor er allein diese ausführen darf. Während er damit in Italien bereits früher einen Nutzen aus seinem Wissen und Können ziehen kann, wird dies in Deutschland erst auf die Probe gestellt. Das kulturelle Kapital muss – wenn schon nicht in einem Titel – in einer Art Perfektion sichtbar werden, um daraus eine nennenswerte Rendite zu erhalten. Hier herrschen informelle Organisationspraktiken.

Die erwähnte Doppelbelastung von Sprachkurs und Arbeit ist nicht nur für ihn schwierig. Auch für seine Chefin sind die überlappenden Zeiten ein Problem.

> *"manchmal das mit der Schule Zeit manchmal in Restaurant ich muss arbeiten morgens zehn bis eins dann sag ich kann das nicht ich bin in Schule //hmm// manchmal sie wird sauer (.) das nervt sie auch weil der Anderer der hat jeder hat seine Zeit und der Anderer ist Vollzeit oder Teilzeit gemeldet und sie will nicht mit ihm so Stress //ja// also sie machen mich Hilfe aber ihn nicht weil ich Ausbil- Aushelfer bin (.) dann sie sagt so komm so dann ich sag ja OK //ja// manchmal das geht nicht das geht nicht ich muss zur Schule bis Dezember //und das ist OK für*

> *sie?// also sie sie sagt Ok weil sie findet das gut das ich geh zu Schule und so das ich das weiter mach"* (Herr Said Z.110-118)

Herr Said durchläuft in dieser Zeit zwei Aneignungsprozesse kulturellen Kapitals gleichzeitig. Zum einen lernt er in einem formal durchgeführten Sprachkurs die deutsche Sprache. Zum anderen lernt er informell und non-formal die Grundfertigkeiten im Restaurant. Beiden Lernprozessen ist gemein, dass sich die Inhalte mit der Zeit und viel Übung immer stärker inkorporieren und so sein kulturelles Kapital aufbauen. Im Falle des Sprachkurses wird er diese Inkorporation endlich sogar in einem Zertifikat vorliegen haben. Hinzu kommt, dass er das gelernte aus dem Sprachkurs direkt in seiner Restauranttätigkeit anwenden kann. Dabei wird er auch zunehmend durch seine Chefin unterstützt und immer wieder verbessert.

Alles in Allem ist zu sagen, dass Herr Said übertrieben ausgedrückt auf dem Weg vom Tellerwäscher zum Millionär ist. Seine Voraussetzungen sind überschaubar: ein mittlerer ägyptischer Schulabschluss, eine abgebrochene technische Hochschulzeit und informell erworbene Fähigkeiten im Bereich Gastronomie sind auf den ersten Blick keine guten Bedingungen, um erfolgreich einen Arbeitsmarkteinstieg zu schaffen. Betrachtet man zusätzlich seine gesamte Geschichte und vor allem seine Migration nach Deutschland so können ihm zusätzlich Eigenschaften, wie Zielstrebigkeit, Durchhaltevermögen und Engagement nachgesagt werden. Zudem nutzt er jede Möglichkeit, um zu arbeiten und Geld zu verdienen. Er scheint sich dabei seiner rudimentären formalen Qualifikationen bewusst zu sein. Er weiß aber auch, dass er lernfähig ist und eine gute Auffassungsgabe besitzt. Zudem besteht seine Arbeitsmotivation darin, etwas zu machen, das ihm Freude bereitet, fernab von monetären Anreizen.

Herr Said schafft es in seiner Zeit im Anschluss an Ägypten sein kulturelles und soziales Kapital derart aufzubauen, dass er in Anbetracht seiner Voraussetzungen innerhalb sehr kurzer Zeit Arbeit und auch den nötigen Rückhalt bei den Behörden findet. Sein Migrationsverlauf ist nicht nur einzigartig unter allen Befragten dieser Studie, sondern dazu noch höchst prekär. Beginnend mit dem Transport von Libyen nach Italien und der Reise von Italien nach Deutschland zeichnen sich seine Transition und die ersten Jahre in Deutschland durch Illegalität aus. Erst mit dem Statuswechsel bedingt durch die Heirat, schafft er es auch rechtlich legal in Deutschland angekommen zu sein. Eine Etablierung steht aber noch aus. Dennoch besitzt er gute Chancen, sein Wissen und Können auszubauen und zu verwerten.

6.4. Weitere Fälle für die Typenbildung als biographische Kurzdarstellungen

In diesem Abschnitt werden weitere Fälle eingeführt, welche neben den oben skizzierten ausführlichen drei Fällen in der späteren Typenbildung eine Rolle spielen werden. Dazu werden sowohl weitere hochqualifizierte als auch mittelqualifizierte BildungsausländerInnen dargestellt. Ein weiterer Fall für unterqualifizierte MigrantInnen liegt leider nicht vor.

Hochqualifizierte BildungsausländerInnen: Frau Hlaing, Herr Nazemi, Herr Márquez, Herr Rahimi & Frau Weber

Frau Hlaing wurde 1976 in Myanmar (Birma/ Burma) geboren. Sie wuchs dort auf, ging zunächst zur Grundschule und wechselte später auf eine High School. Aufgrund systemischer Gegebenheiten musste sie danach drei Jahre warten, bevor sie zur Universität gehen durfte. In dieser Zeit arbeitete sie hauptberuflich als Verkäuferin und Schneiderin. Nebenberuflich war sie freiwillig sowohl in einer französischen als auch in einer internationalen Organisation engagiert. Im Anschluss daran begann sie dann an einer Universität ein Studium für Englische Literatur, das sie nach vier Jahren mit einem Bachelor of Arts-Abschluss beendete. Nach ihrem Studium arbeitete sie fast neun Jahre in einer internationalen, christlichen Organisation, die sich in Bereichen, wie Bildung und Medizin für die Armen einsetzt, als Entwicklungshelferin. Hier war sie vor allem im Außendienst tätig, d.h. sie ging mit ihrem Team in die einzelnen Dörfer und vermittelte dort die geplanten Maßnahmen an die Dorfautoritäten. In dieser Zeit lernte sie ihren Freund kennen, der ebenfalls aus Myanmar stammte, jedoch bereits seit 10 Jahren in Deutschland lebte und auch die deutsche Staatsbürgerschaft besaß. Diesem folgte sie 2008 nach Deutschland, wo beide kurz darauf heirateten. Die Anerkennung ihres Diploms hat sie bereits eingeleitet, jedoch noch keine Antwort erhalten. In der Zwischenzeit absolviert sie einen Deutschkurs, um später eventuell studieren zu können. Zum Zeitpunkt des Interviews besaß sie eine unbefristete Niederlassungserlaubnis, die sie jedoch nur bekam, weil ihr Mann die notwendigen Bedingungen erfüllte. Gleichsam erhielt sie damit eine Berechtigung zur Ausübung einer Erwerbstätigkeit (Arbeitserlaubnis). Beruflich hat sie sich trotzdem noch nicht adäquat integrieren können. Zu verzeichnen hat sie lediglich zwei Minijobs als Schneiderin und Reinigungskraft, welche sie über Internetbewerbungen erhielt. Die Vergütung dafür war allerdings sehr gering.

Herr Nazemi wurde 1984 in Kabul in Afghanistan geboren und besuchte das dortige Schulsystem. Nach der Grundschule absolvierte er die High School und ging anschließend auf eine private Universität in Kabul, um dort für etwas mehr als drei Jahre Informatik zu studieren. Nach dem Studium hat er aufgrund seiner sehr guten Lernfähigkeit und -methoden für zwei Jahre als Aushilfslehrer in einem Institut für Informatik seiner Universität fungiert. Danach arbeitete er fünf Jahre lang bei *„The Asia Foundation"*. In dieser Organisation übersetzte er Bücher aus dem Englischen oder anderen Sprachen in asiatische Sprachen, welche dann auf dem asiatischen Markt veröffentlicht wurden. Sein Sprachrepertoire umfasst neben Dari, Paschtu und Englisch auch Indisch und Hocharabisch. Seine Reise nach Deutschland 2008 war eigentlich als dreimonatiger Urlaub geplant, in dessen Zeit er bei seiner Cousine in Hamburg wohnte. Allerdings lernte er in dieser Zeit eine ebenfalls aus Afghanistan stammende Frau kennen, die jedoch schon seit ihrer Kindheit in Deutschland lebt. Obwohl er in Afghanistan einem festen Beruf nachging, blieb er auf Drängen seiner Freundin, die sich auf die kriegsähnlichen Zustände in Afghanistan bezogen, und machte einen ursprünglichen Urlaub zu einem völlig neuen Lebensabschnitt. Beide heirateten 2009 in Deutschland. Seine Frau studiert in Hamburg Pharmazie. Die Anerkennung seiner Abschlüsse ist einerseits mit seinem High School-Abschluss bereits geschehen. Seinen Diplomabschluss in IT kann er andererseits aufgrund der Unbekanntheit der privaten Universität von Kabul nicht anerkennen lassen. Einen Arbeitsmarkteinstieg konnte Herr Nazemi noch nicht erreichen, was hauptsächlich durch seine auf 18 Monate befristetet Aufenthaltserlaubnis bedingt ist, die nicht automatisch eine Arbeitserlaubnis erteilt.

Herr Márquez wurde 1979 in Monterrey in Mexiko geboren. Nach seinem Schulbesuch mit abschließendem Abitur, studierte er Kunst mit dem Schwerpunkt Grafikdesgin an einer Universität. Ab 2001 bis Ende 2009 arbeitet er in Mexiko bei einer Marketing- und Werbeagentur, die auf dem gesamten amerikanischen Kontinent Aufträge wahrnimmt. Seine Aufgaben bezogen sich dabei auf Webdesign, Illustration, Grafikdesign und Editorialdesign. 2007 lernte er seine deutsche Freundin kennen, die ein Auslandssemester in Mexiko verbrachte, um ihr Spanischstudium auf Lehramt zu vertiefen. Mittlerweile verheiratet, beschlossen beide 2009 nach Deutschland zu ziehen, was vorrangig durch das Heimweh seiner Frau bedingt war. Durch seine deutsche Frau erhielt er auch ohne Probleme eine unbefristete Niederlassungserlaubnis inklusive Arbeitserlaubnis. Nach einem regulären Integrationskurs versuchte er in seinem Metier eine Anstellung zu erhalten. Aufgrund immer noch schlechter Deutschkenntnisse gelingt das jedoch nicht. Er ging folglich den Weg der Selbständigkeit und arbeitete als Grafikdesigner in der Gestaltung von Flyern und Websites, wobei das nur sehr kleine und seltene Projekte waren. Aus Gründen fehlender Aufträge musste er seine Selbständigkeit wieder aufgeben. Parallel dazu war er als Mitglied bei der Hamburger Lateinamerika-Gesellschaft e.V. (SoLatino) tätig. Hier designt er unentgeltlich die Website des Vereins. Des Weiteren arbeitet er aus finanziellen Gründen seit Januar 2011 in einer Küche als Aushilfe, was ihm jedoch nicht gefällt. Herr Márquez will gern wieder in seinem Beruf arbeiten, weiß aber selbst, dass er dazu erstens gute deutsche Sprachkenntnisse und zweitens eine ständige Aktualisierung benötigt, da gerade sein Bereich des Webdesigns sehr schnelllebig ist.

Herr Rahimi wurde 1964 in Kabul in Afghanistan geboren. Er besuchte die Schule bis zur 12. Klasse und schloss diese erfolgreich ab. Danach leistete er seinen Militärdienst ab, wobei hier anzumerken ist, dass dieser unmittelbar in der Zeit der sowjetischen Besatzung Afghanistans stattfand. Nach seinem Wehrdienst ging er nach Russland und studierte dort Betriebswirtschaft mit Diplomabschluss. Anschließend kehrte er nach Afghanistan zurück und arbeitete unter anderem für zwei Jahre in einer Bank, bevor durch die militärische Machtübernahme der Mudschaheddin eine Anstellung nicht mehr möglich war. Aufgrund des entstehenden Bürgerkrieges entschloss er sich 1998 nach Deutschland – hier Frankfurt am Main – zu gehen und um Asyl zu bitten. Aufgrund des dreijährigen Asylverfahrens hatte er in dieser Zeit in Deutschland keine gültige Arbeitserlaubnis. Erst nach dieser Zeit bekam er nach damals geltendem Recht eine Arbeitserlaubnis, mit der er über einen Bekannten eine Anstellung im Reinigungsgewerbe fand, die zwei Stunden pro Tag in Anspruch nahm und die er ungefähr sechs Jahre ausübte. Zudem arbeitete er für sechs Monate in einer Kantinenküche eines Finanzinstitutes, wobei er dort sowohl Reinigungstätigkeiten als auch Arbeiten in der Küche erledigen musste. In dieser Zeit lernte er seine spätere Frau kennen. Beide heirateten und da sie in Hamburg wohnte, folgte er ihr dorthin. In Hamburg fand er über seinen Schwager eine Anstellung wiederum im Reinigungsgewerbe. Eine Anerkennung seines Diploms hat er trotz der langen Zeit in Deutschland noch nicht beantragt, obgleich diese Thematik erst verstärkt in den letzten Jahren in den Blickpunkt gerückt ist.

Frau Weber[109] wurde 1975 in Rumänien geboren und durchlief dort ihre gesamte schulische Laufbahn. Nach dem gymnasialen Abschluss studierte sie vier Jahre lang Englisch und Rumänisch auf Lehramt und legte dann zwei Jahre lang an einer Schule in Bukarest ihre Referendarzeit ab. Die folgenden zwölf Jahre war sie an dieser Schule als Englisch- und Rumänischlehrerin tätig. Im Jahr 2009 kam sie mit ihrem deutschen Ehemann nach Deutschland und heiratetet ihn. Dieser ist, obwohl zurzeit erwerbslos, Redakteur für technisches Englisch und mit Marketingaufgaben betraut. Die letzten neun Monate vor dem Interview besuchte sie einen Deutschkurs. In dieser Institution ist sie im Moment als Teilzeitkraft für das Englischlernen von Migranten verantwortlich. Die Anerkennung ihres Studiums hat sie bereits eingeleitet, wartet aber zur Stunde noch auf eine Antwort.

---

[109] Der Fall von Frau Weber entstammt dem Material meiner B.A.-Arbeit. Dieser Abschnitt über ihre Biografie entstammt daher zu großen Teilen und in nahezu identischem Wortlaut der B.A.-Arbeit. Siehe dazu Beger 2011, S.25

Mittelqualifizierte BildungsausländerInnen: Frau Fernandez, Frau Hildebrand & Frau Steinmüller

Frau Fernandez[110] wurde 1971 in Santiago de Chile in Chile geboren und wuchs dort auch auf. Mit 18 Jahren erreichte sie das Nationalabitur, woraufhin sie ein vierjähriges Grafik-Studium begann. Dieses schloss sie zwar nicht ab, konnte aber dennoch mit den erreichten Kompetenzen als Grundschullehrerin für alle Fächer tätig sein, wobei sie im Schwerpunkt für Kunst und Technologie eingesetzt wurde. Im Jahr 2008 kam sie mit ihrem jetzigen deutschen Ehemann, einem Rechtsanwalt, nach Deutschland. Hier erlangte sie zunächst das Alpha-Niveau des Deutschkurses und führte parallel in einer Schule, die vorrangig auf Schüler mit Migrationshintergrund ausgerichtet ist, für fast ein Jahr eine Kunst-Arbeitsgemeinschaft mit Schülern der fünften und sechsten Klassen durch, die ebenfalls größtenteils einen Migrationshintergrund besitzen und daher die deutsche Sprache auch als Zweitsprache benutzen. Für diese AG erhielt sie ein Honorar. Momentan ist sie nicht berufstätig, weil sie nun einen qualitativ höherwertigen Deutschkurs besucht, der für sie zu viel Zeit in Anspruch nimmt, als dass sie zusätzlich noch eine solche AG leiten könnte. Neben dieser Tätigkeit hat sie keine anderen Anstellungen angenommen.

Frau Hildebrand wurde 1978 in Russland geboren. Nach ihrer regulären Schulzeit, besuchte sie eine Berufsakademie und lernte dort in einer dreijährigen Ausbildung Lageristin, Buchhalterin und Ökonomistin, beendete diese jedoch nicht mit einem formalen Abschluss. Da ihr Vater Deutscher ist – daher auch der Familienname – und nach einer langen Zeit in Russland aus familiären Gründen nach Deutschland zurück musste, beschloss sie 2003 mit ihm zu gehen, während ihre Mutter und ihre Schwester in Russland blieben. Neben dieser engen Verbindung zum Vater, spielten auch existenzielle Gründe und ein eventueller Neuanfang in Deutschland eine Rolle. Sie besuchte einen Integrationskurs und bekam daraufhin 2004 mit ihrem damaligen deutschen Freund ihr erstes Kind. 2006 folgte dann das zweite Kind. Allerdings trennten sie sich danach aufgrund von Mentalitätsdifferenzen. Als Alleinerziehende konzentrierte sie sich vorrangig auf die Kindererziehung und stellt eine Berufstätigkeit hintan. Dennoch begann sie am Studienkolleg für Ausländer ein Semester, musste dieses aber wegen einer Krankheit ihrer älteren Tochter abbrechen bzw. wurde ihr eindringlich „empfohlen" sich um ihre Familie zu kümmern. Arbeitsgelegenheiten ergaben sich bei ihr über eine Bekannte, von der sie Arbeit in einem Modegeschäft erhielt, in dem sie sowohl buchhalterische als auch Verkaufstätigkeiten erledigte. Aufgrund von Arbeitsengpässen wurde sie dort im Frühjahr 2011 wieder entlassen. Zur Arbeitsakquirierung schreibt sie sehr viele Bewerbungen. Da sie jedoch zwei kleine Kinder hat, von denen eins sehr oft krank ist, muss sie ihren Schwerpunkt darauf legen. Durch ihre deutsche Staatsangehörigkeit ist sie nicht von aufenthaltsrechtlichen Restriktionen betroffen.

---

[110] Der Fall von Frau Fernandez entstammt dem Material meiner B.A.-Arbeit. Dieser Abschnitt über ihre Biografie entstammt daher zu großen Teilen und in nahezu identischem Wortlaut der B.A.-Arbeit. Siehe dazu Beger 2011, S.25

Frau Steinmüller wurde 1964 in Ghana geboren. Nach einer zehnjährigen Schullaufbahn, machte sie eine Ausbildung zur Friseurin. Nach ihrer Ausbildung arbeitete sie nur kurz, da es in Ghana eine hohe Arbeitslosenrate gab. Sie heiratete einen Mann aus Ghana und bekam mit diesem Zwillinge. Kurz darauf ließen sich beide wieder scheiden. 1991 beschloss sie aufgrund der schlechten wirtschaftlichen Bedingungen nach Deutschland zu gehen, um hier ein besseres Leben führen zu können und ihre Kinder zu versorgen, die bei den Großeltern in Ghana zurück blieben. Sie lernte in Deutschland einen deutschen Mann kennen und heiratete diesen. Nach 4 Jahren Ehe ließen sich Beide wieder scheiden. 1992 verschaffte ihr ein Bekannter eine Anstellung in einem Krankenhaus als Reinigungskraft. In diesem Beruf verblieb sie fast 19 Jahre ohne vorher eine Ausbildung gemacht zu haben, wechselte zwischendurch lediglich hin und wieder das Krankenhaus. Sie kündigte 2010 diese Stelle, da sie diese aufgrund körperlicher Beschwerden nicht mehr ausüben konnte. Ab dieser Zeit besuchte sie zum ersten Mal seit 20 Jahren in Deutschland einen Deutschkurs, um vor allem die Schriftsprache zu verbessern. Sie besitzt die deutsche Staatsbürgerschaft.

7. Vergleichende Interpretation und Ansätze einer Typenbildung

In diesem Kapitel werde ich anhand verschiedener Themenkomplexe einen Ansatz für eine Typenbildung versuchen. Dabei gehe ich unter 7.1. auf die Motive und Orientierungen der MigrantInnen ein. Unter 7.2. werde ich dann konkret die verschiedenen Strategien aufzeigen, welche die Interviewten nutzten, um in den deutschen Arbeitsmarkt einzusteigen. Im Punkt 7.3. fasse ich dann unter den drei Haupttypen Hoch-, Mittel- und Unterqualifizierte die Ausstattung, Nutzung und Verwertung des kulturellen Kapitals zusammen.

7.1. Biographische Orientierungen und die Statuspassagen der Migration

MigrantInnen besitzen die unterschiedlichsten Motive in ein anderes Land zu gehen und dort zu verbleiben. Sowohl Nohl/Ofner/Thomsen (2010) als auch Weiß/Ofner/Pusch (2010) sprechen in diesem Zusammenhang von insgesamt fünf typischen Orientierungsmustern: (1) partnerschaftliche Orientierung; (2) Ameliorationsorientierung; (3) Qualifikationsorientierung; (4) Asylsuche; und (5) Explorationsorientierung.[111] Diese bedürfen einer kurzen Erläuterung, wobei sie ausgehend von den Studien der genannten Personen definiert wurden, sodass ich dieses teilweise durch die hier analysierten Ergebnisse bereits ergänzen muss. Da in der hier vorliegenden Studie weder eine Qualifikationsorientierung noch eine Explorationsorientierung identifiziert werden konnten, werde ich diese hier auch nicht weiter betrachten.[112]

(1) Eine partnerschaftliche Migrations- und Bleibeorientierung kann nach Weiß/Ofner/Pusch ausschlaggebend für die Migration sein, sich aber auch nur einer anderen Orientierung unterordnen und diese ggf. verstärken. So stellen sie heraus, dass die Mehrheit der untersuchten Hochqualifizierten aus anderen – bspw. Qualifikationsorientierten – Motiven nach Deutschland migrierten. Obgleich sich dabei zunächst ein nachrangiger Rechtsstatus ergab, schlossen fast alle eine strategische Eheschließung aus, welche eine rechtliche Gleichstellung bewirkt hätte.[113] In der hier vorliegenden Studie lassen sich dagegen Fälle rekonstruieren, in denen bereits im Heimatland eine Partnerschaft aufgebaut wurde. Diese differenzieren sich allerdings wieder dahingehend, dass dort einerseits ein gebürtiger deutscher Partner ohne

---

[111] vgl. Nohl/Ofner/Thomsen 2010, S.71; Weiß/Ofner/Pusch 2010, S.198 ff.
[112] Auf die Frage, warum bestimmte Typen nicht vertreten waren, werde ich unter Punkt 8 „Diskussion der Ergebnisse" eingehen.
[113] Weiß/Ofner/Pusch 2010, S.198 f.

Migrationshintergrund (Herr Márquez, Frau Weber, Frau Fernandez und Frau Suvorov), andererseits ein bereits länger in Deutschland lebender migrierter Partner gefunden wurde, welcher denselben Migrationshintergrund besitzt (Frau Bakshi, Frau Hlaing, Herr Nazemi). Diese Fälle zeichnen sich weitgehend dadurch aus, dass diese Orientierung auch in Bezug auf das Bleibemotiv verfolgt wird, obgleich sich in einem Fall das Gewicht von dem dann ehemaligen Partner auf die gemeinsamen Kinder verschiebt (Frau Suvorov). Des Weiteren wurden Fälle identifiziert, bei denen es um familiale Beweggründe geht. Daher wird diese Orientierung für diese Arbeit um die familiale Komponente erweitert (Frau Hildebrand und Frau Steinmüller). Diesen ist zudem gemein, dass sie maßgeblich auch durch Faktoren geprägt sind, die auf ein besseres Leben im Migrationsland hoffen lassen, was als Ameliorationsorientierung bezeichnet wird.

(2) Unter einer Ameliorationsorientierung werden „unterschiedliche Hoffnungen auf sozioökonomische Verbesserungen"[114] verstanden. Eine solche Orientierung kommt bei Weiß/Ofner/Pusch zusammen mit vorzugsweise partnerschaftlichen Orientierungsmustern vor. In dieser Studie ergibt sich dieses Zusammenspiel jedoch nicht unbedingt aufgrund einer partnerschaftlichen, sondern durch eine familiale (Frau Hildebrand) insbesondere kinderbezogene Orientierung (Frau Steinmüller). Allerdings tritt auch ein rein an wirtschaftlichen Aspekten orientiertes Migrationsmotiv hervor (Herr Said). Bei dieser (reinen) Form jedoch auch in anderen Fällen dieses Typus, spielt der rechtliche Aufenthaltsstatus eine entscheidende Rolle. Durch eine fehlende Partnerschaft oder Ehe zu einem/einer Einheimischen, welche die Erlangung eines gleichrangigen Rechtsstatus beschleunigen würden, kommt es zu rechtlicher Exklusion, welche den regulären Einstieg auf dem Arbeitsmarkt rechtlich nicht sicher stellt und sich wirtschaftliche Verbesserungen so nicht einstellen können.[115]

(3) Der letzte hier vorgefundene und thematisierte Typus ist die Suche nach Asyl aufgrund innenpolitischer oder militärischer Unruhen im Heimatland, was zwangsläufig auch als Flucht bezeichnet werden kann.[116] Weiß/Ofner/Pusch gehen davon aus, dass sich diese Orientierung so lange fortsetzt, wie die Unruhen andauern. Sie räumen jedoch auch ein, dass es durch ein Hinzukommen anderer Motive zu

---

[114] Weiß/Ofner/Pusch 2010, S.199
[115] vgl. Weiß/Ofner/Pusch 2010, S.198 ff.
[116] vgl. Weiß/Ofner/Pusch 2010, S.200 sprechen von Flucht, während Nohl/Ofner/Thomsen 2010, S.71 von Asyl sprechen

einer dem Asyl unterzuordnenden Ergänzung kommen kann.[117] In dieser Studie konnte ein Fall gefunden werden, bei dem es bereits mit Beginn des Migrationsvorlaufes parallele Orientierungen gab, nämlich ergänzt durch Ameliorationsorientierungen (Herr Rahimi).

Sowohl mit Blick auf den Arbeitsmarkteinstieg als auch abseits dieses müssen die biographischen Orientierungen betrachtet werden. Daher werde ich basierend auf den eben skizzierten Grundlagen nun anhand von drei typischen Orientierungsmustern die Fälle darstellen. Ich gehe dabei auch auf die weiter oben beschriebenen Phasen der Migration ein, wohlwissend, dass die Fälle diese bislang in unterschiedlichem Maße durchlaufen haben.

7.1.1. Partnerschafts-/ Familienorientierung als Migrations- und Bleibemotiv

In allen Interviews hat sich spätestens bei dem Bleibemotiv eine partnerschaftliche bzw. familiale Orientierung ergeben. Für diesen Typus sind jedoch vor allem diejenigen von Interesse, die eine solche Orientierung seit ihrem Migrationsvorlauf verfolgten. Dies wird hier abgebildet durch die Fälle von Herrn Nazemi, Frau Hlaing, Herrn Márquez, Frau Weber und Frau Bakshi.

> „mmh wir wollten in Mexiko: leben (.) aber wir haben andres Plan auch und Frau hat die Heimat auch äh: vermissen (.) und dann wir kommen nach Deutschland (.) Hamburg ähm (1)[...] wenn wir waren in Mexiko sie kommt nach Deutschland zwei Monaten ä::hm wie kann ich sagen (3) ja ich komm:: ähm sie komm im: Oktober (.) ich komm in Dezember //ah Ok// ja zwei Monate zurück ist sie angekommen (1) da sie hatte Wohnung gesu:cht das äh hier in Hamburg ist ein Problem ja (.) aber für mich die erste Tag in Deutschland (2) normal weil (1) seit fünf Jahr ich habe nach Deutschland geflogen //hmm// geflogen ne mit mein Frau die Familie (unverständlich) ä::hm christmas time //ja Weihnachtsurlaub// ja Weihnacht wir feiern hier in Deutschland seit fünf Jahre zurück (1) so für mich ist normal" (Herr Márquez Z.4-6; 18-25)

Herr Márquez und seine deutsche Frau beschlossen in Mexiko zu leben. Allerdings wird seine Frau einige Zeit später von Heimweh geplagt. Diese scheint angesichts der häufigen Besuche insbesondere zum Weihnachtsfest eine sehr enge Verbindung zu ihren Eltern und ggf. Geschwistern zu besitzen. Diese Verbindung ist letztlich so ausschlaggebend, dass sie Herrn Márquez dazu überredet von ihrem gemeinsamen Plan abzuweichen und nach Deutschland zu ziehen. Der Migrationsvorlauf ist bei Herrn Márquez durch seine Frau fremdbestimmt, obgleich eine Unterstellung, dass sie die alleinige Entscheidung getroffen hat, nicht anzunehmen ist. Dennoch richtet er sich und sein Leben damit nicht nur nach seiner Frau, sondern auch nach deren familialer Verbindung. Eine Transitionsphase im obigen Sinne existiert bei Herrn

---

[117] vgl. Weiß/Ofner/Pusch 2010, S.200

Márquez nur auf dem Weg von Mexiko nach Deutschland, da er durch die Ehe mit einer Deutschen sofort einen gleichrangigen Rechtsstatus erhält und damit auch eine Arbeitserlaubnis besitzt. Die Einrichtung in Deutschland wird auch durch die vorzeitige Reise seiner Frau nach Deutschland begünstigt, die sie für die Suche nach einem festen Wohnsitz nutzte. Dies impliziert einen längeren Verbleib in Deutschland und bestimmt somit die Startphase. Es gelingt ihm dann sogar erste Anstellungen zu bekommen, obgleich diese ihn nicht zufrieden stellen. Eine Verwertung seines mitgebrachten kulturellen Kapitals war zu Beginn noch nicht möglich.

Diesen Ablauf teilen auch weitestgehend die anderen Fälle. Bei denen von Frau Hlaing und Frau Bakshi kommt zusätzlich die Besonderheit hinzu, dass diese jeweils einen Ehepartner haben, der denselben Migrationshintergrund besitzt, allerdings schon viele Jahre in Deutschland lebt. Dadurch verringert sich der Aspekt der Wohnungssuche, wodurch viel Zeit gespart werden kann. Zudem sind die Ehepartner bereits beruflich aktiv, was die Versorgung in einem gewissen Rahmen sicherstellt.

Herr Nazemi kam eigentlich als Tourist für drei Monate nach Deutschland, um hier neben dem Kennenlernen von Land und Leuten auch seine Verwandtschaft zu besuchen, bei der er für diese Zeit untergebracht war. In dieser Zeit lernte er seine spätere Frau kennen, die als kleines Kind von Afghanistan nach Deutschland migrierte, und beide – möglicherweise weil das kulturell so üblich war – heirateten auch in dieser kurzen Zeit. Da seine Frau Angst hatte, ihn wieder nach Afghanistan zurückgehen zu lassen, was er aufgrund seines sehr guten Berufes als IT-Beauftragter in einem Unternehmen vorhatte, blieb er unwillentlich in Deutschland.

> *„ja weil ich möchte nicht hier am ersten Mal bleiben (.) weil ich wollte (.) meine Arbeit war sehr gut in Afghanistan und (.) <u>sehr gut</u> und ich wollte zurück nach Afghanistan gehen ich hab gesagt bei mein Frau äh nach dem Hochzeit ich hab gesagt ich zu Afghanistan (1) kommst du auch mit mir und du kommst alleine und ich bleibe dort for zwei Jahren weil ich möchten arbeiten und ein bisschen Geld verdienen weil ich hab hier geheiratet und @mein Geld war alles@ und aber die hat gesagt ne wie so du musst hier bleiben weil ich hab Angst vor Afghanistan ich weiß nicht was passiert wenn du gehst dann und deswegen ich hab hiergeblieben" (Herr Nazemi Z.18-26)*

Herr Nazemi entscheidet sich hier nicht nur für seine Frau, sondern auch gegen seine lukrative Anstellung in Afghanistan. Dieses Opfer bringen auch drei andere Fälle. Frau Hlaing aus Birma kündigt ihren Beruf in einer internationalen Organisation für Entwicklungsländer, Herr Márquez gibt seine Anstellung als Grafik-Designer auf und Frau Weber schließt mit ihrer statusprägenden Stelle als Lehrerin ab. Die Frage, die sich stellt ist, zu welchem Preis werden diese Opfer gebracht. Keiner der bisher Genannten kann in Ansätzen sofort eine ähnliche Stelle aufnehmen. Sei es aus

Gründen der fehlenden Übertragbarkeit des Berufsfeldes wie bei Frau Hlaing und in Ansätzen bei Frau Weber, oder durch einen gesättigten Markt in einem Bereich, wie ihn Herr Márquez suchte. Hinzu kommt, dass auch die jeweiligen PartnerInnen die wirtschaftliche Situation der Familie nicht sonderlich gut unterstützen können, da sie entweder in unterbezahlten Berufen tätig sind, wie bspw. der Mann von Frau Hlaing, welcher LKW-Fahrer ist, oder die Arbeitslosigkeit der Partner von Frau Bakshi und Frau Weber. Damit einhergehend ist eine zunehmende Abhängigkeit von staatlichen Unterstützungsleistungen zu verzeichnen.

Frau Bakshi dagegen orientiert sich zunächst nicht vollständig nach Deutschland, sondern beendet ihre akademische Karriere in Indien, sodass sie zumindest für diese Zeit ein solches Opfer ihrer mehr oder weniger beruflichen Karriere nicht erbringen muss. Im Anschluss daran und der weiter oben erwähnten Einsicht, dass dies verlorene Zeit war, verliert sie ebenfalls ihren Status und wird genauso wie die anderen Fälle durch die Arbeitslosigkeit ihres Mannes abhängig von sozialen Leistungen.

Es zeichnet sich in diesen Interviews ab, dass partnerschaftliche Orientierungen im Migrations- und Bleibemotiv wirtschaftliche Interessen übertrumpfen, d.h. es entscheiden sich viele MigrantInnen lieber für ihre Partner und Familien als ihrem bisher erfolgreichen Beruf im Heimatland nachzugehen. Obgleich sie durch ihre EhepartnerInnen einen gleichrangigen Rechtsstatus erlangen, gelingt es keinem sofort das mitgebrachte kulturelle Kapital adäquat verwerten zu können.

Während sich diese Bleibemotive ausschließlich an der Partnerschaft orientieren, zeigt der Fall von Frau Bakshi eine Besonderheit. Denn sie bekommt mit ihrem Mann nicht nur ein Kind, während Beide noch in Indien waren, sondern schon nach kurzer Zeit ihr zweites Kind, nun aber in Deutschland. Während sie sich zunächst nach ihrem Ehemann richtete, der in Deutschland noch arbeitete, wachsen die Kinder in Deutschland auf und gehen zur Schule. Diese Tatsache sieht sie als wesentlich an, warum sie in Deutschland bleiben will, obwohl mittlerweile beide keine Arbeit haben. Hinzu kommt auch der Wille der Kinder, die teilweise gar keine Verbindung zu Indien besitzen und daher auch in Deutschland bleiben wollen. Ergänzt wird diese familiale Orientierung durch eine Gebundenheit aufgrund eines Bankkredites, der abbezahlt werden muss.

Insgesamt fällt für diesen Typus auf, dass es sich bei den Interviewten ausschließlich um die hier kategorisierten Hochqualifizierten handelt, die alle über mindestens ein abgeschlossenes Hochschulstudium verfügen. Über die Gründe kann nur spekuliert werden. Einerseits kann es ein Effekt des Samplings sein, da 6 von 11 Interviewten diesen Status erfüllen. Andererseits – und das ist meiner Ansicht nach wahrscheinlicher – kann man schließen, dass die Hochqualifizierten nicht nur attraktiv für den Arbeitsmarkt sind – auch wenn es für die hier vorliegenden bislang in Deutschland nicht danach aussah – sondern auch für soziale Kontakte. Argumentiert werden kann dabei – jenseits von optischen Eigenschaften – mit einer gewissen wirtschaftlichen Sicherheit, welche sie dem Partner bieten, oder schlicht und einfach mit soziobiologischen Vermehrungsstrategien, welche aus einem höheren kulturellen Kapital auf Nachkommen schließen, die ebenso „ausgestattet" sind. Dazu lässt sich auch der Zusammenhang von Herkunft und Bildungserfolg heranziehen.

Dieser Typus lässt vor allem kontrastierend zum Aufgeben der beruflichen Etablierung im Heimatland deutlich werden, dass die Orientierung an Partner und Familie einen hohen Stellenwert besitzt. Eine berufliche Etablierung im Migrationsland stellt sich bis dahin nicht ein. Hierbei ist allerdings zu sehen, dass die aufgezeigten Fälle zum Zeitpunkt der Interviews maximal fünf Jahre, in der Regel aber deutlich weniger, in Deutschland leben. Eine Zeit, die von Orientierungs- und Sprachproblemen gekennzeichnet ist.[118] Ohne dies zu pauschalisieren, kann daraus geschlossen werden, dass bei einer Orientierung dieses Typus eine adäquate Verwertung von Wissen und Können erst nach mehreren Jahren der Anwesenheit im Migrationsland stattfinden kann.

7.1.2. Ameliorationsorientierung als Migrations- und Bleibemotiv

In dieser Studie konnten weiterhin Fälle identifiziert werden, in denen die Interviewten mit der Absicht nach Deutschland kamen, hier bessere Lebens- und Arbeitsbedingungen vorzufinden. Markant dafür sind Frau Steinmüller und Herr Said.

> „S i war (1) i glaube (2) dreißig ich war hier in Deutschland Ok in Ghana hab ich erst in Friseur gelernt (1) und (.) danach hab ich keine Arbeit gefund und hiergekomm vielleicht kann man die Leben bisschen (2) besser werden und denn i war hier (1) 19(.)91 (1) ich hab mit Deutscher verheiratet for (1) drei vier Jahre (1) dann wir geschieden (2) und denn hab ich ein Mann in Afrika geheiratet und habe meine Kinder geboren meine Zwillinge (1) und denn hab ich auch von ihm auch geschieden (1) und denn vor (.) vier (.) oder fünf ja da hab ich wiedergefund ham wir zusamm auch gelebt (2) und ja erstemal war hier (.) hier kann man ohne Papier leben (.) ich hab Papier von meine Mann geheiratet alles zusamm alles (.) […] äh ja aber Anfang ist schwer ohne niemand ohne

---

[118] Hierbei ist berücksichtigt, dass sich Frau Bakshi von 2000 – ihrem eigentlichen Migrationsjahr – bis 2006 parallel in Indien um die Beendung ihres Studiums kümmerte. Erst danach konzentrierte sie sich auf ihre Karriere in Deutschland.

	Familie hierherzukomm ist sehr sehr schwer (.) ja und hab i auch meine zwei Kinder zu Hause gelassen das ist auch ein bisschen traurig ja (1) aber jetzt das geht [...]
Y	*Warum kamen Sie genau nach Deutschland (.) wollten Sie äh Arbeit finden hier oder warum (1) warum sind Sie damals nach Deutschland gekommen*
S	*(atmet hörbar aus) Ja in meine Heimat hab i Anfang gesagt war gibs keine Arbeit da wenn man Schul fertig bleibst zu Hause ohne Job Kinder kann man nicht kümmern und so und denn man überlegen Ok (.) und denn hab ich gehört jemand wollte hierher komm sag Ok wenn wenn das (unverständlich) ist gut kann man bisschen Geld verdienen und Kinder kümmern und die Familie kümmern (1) ja [...] Wenn i grade hier gekomm keine Chance zu das machen (1) muss was machen und selber Geld verdien (1) braucht nicht von Staat zu leben (1) man muss selber unterstützen //hmm// selber eigene Leben zu haben gedacht haben ich gedacht Ok ich bin hier ich egal welche Arbeit ich machen (.) ich verdiene mein eigenes Geld um meine eigenes Leben zu leben //hmm// @(1)@" (Frau Steinmüller Z.1-52)*

Nach ihrer beruflichen Ausbildung musste Frau Steinmüller feststellen, dass es in Ghana keine adäquaten wirtschaftlichen Bedingungen gab. Daraufhin beschloss sie mit Bekannten nach Deutschland zu kommen, mit dem expliziten Ziel hier Geld zu verdienen und damit ihre Familie in Ghana zu versorgen. Ihren arbeitsrechtlichen Status in Deutschland konnte sie durch eine Heirat mit einem Deutschen gleichrangig machen, was ihr kurze Zeit später sogar die deutsche Staatsangehörigkeit verschaffte. Aufbauend auf dieser Ehe lernte sie auch mehr und mehr Deutsche kennen, von denen ihr ein Bekannter eine Stelle als Reinigungskraft in einem Krankenhaus besorgte. Auf einer solchen Stelle arbeitete sie dann – mit wechselnden Arbeitgebern – für fast 19 Jahre.

Frau Steinmüllers Migrationsverlauf muss zweigeteilt betrachtet werden. Während sich ihre eigentliche Migration nach Deutschland 1990 familial allenfalls auf ihre eigenen Eltern und Geschwister bezogen hatte und sie damit noch relativ unabhängig war, musste sie nach einer kurzen Rückkehr nach Ghana und der Heirat mit einem Ghanaer, woraus ihre Zwillinge entstanden, ihre Unabhängigkeit ablegen. Folglich versuchte sie nun immer intensiver in Deutschland Geld zu verdienen, um damit ihre eigene kleine Familie, welche sie in Ghana zurück lassen musste, versorgen zu können. Dies wird noch verstärkt nach ihrer zweiten Scheidung, indem sie nun das Geld allein verdienen muss.

Ähnlich ist es auch im Fall von Herrn Said, dessen Biographie weiter oben bereits detailliert analysiert wurde. Beiden ist gemein, dass sie aufgrund schlechter wirtschaftlicher Zustände im Heimatland nach Deutschland migrierten. Insbesondere die aufkommende Jugendarbeitslosigkeit wird dabei thematisiert. Zudem müssen beide zunächst mit einem nachrangigen Rechtsstatus leben, obgleich es sich im Fall von Frau Steinmüller bedingt durch die Migrationspolitik zu dieser Zeit schneller ergibt, was letztlich auch durch die zeitnahe Heirat begünstigt wird. Herr Said erlebt noch eine längere Zeit der Illegalität, in der er nur prekäre Anstellungen wahrnehmen kann, für die er keine Arbeitserlaubnis besitzt. Ebenfalls mit einer deutschen verheiratet, ergibt sich dann eine Möglichkeit in einem Restaurant als Küchenhelfer zu arbeiten. Sowohl Frau Steinmüller als auch Herr Said schaffen es demnach ihre wirtschaftliche Situation auf mittlere und längere Sicht zu verbessern.

Trotz einer abgeschlossenen Berufsausbildung in Ghana kann Frau Steinmüller ihren Titel sowie ihr Wissen und Können nicht verwerten. Dabei stellt sie jedoch ihre bisher absolvierten Bildungsgänge hintan und versucht mit allen Tätigkeiten das eigene Leben und das der Familie zu finanzieren. Herr Said unterscheidet sich dahingehend sehr. Er besitzt keinen beruflichen Abschluss und kann lediglich auf sein informell erworbenes Wissen und Können im Bereich Gastronomie zurückgreifen. Der Unterschied zwischen beiden ist, dass dies Herrn Said sogar gelingt, während Frau Steinmüller lediglich als Reinigungskraft Arbeit findet. Dies ist ein Anzeichen dafür, dass mitgebrachtes institutionelles kulturelles Kapital in Deutschland nicht oder nur marginal verwertet werden kann.

Insgesamt zeichnet sich dieser Typus darin aus, dass sich diese Orientierung nicht unter Hochqualifizierten ergeben hat. In diesem Fall sind es mittel- und unterqualifizierte MigrantInnen, die sich in Deutschland bessere wirtschaftliche Zustände erhoffen. Es kann jedoch davon ausgegangen werden, dass es auch bei allen anderen Fällen implizit zu solchen Motiven kommt.

7.1.3. Asylsuche aufgrund von Kriegsausbrüchen

Einen letzten Typus biographischer Orientierungen stellt Herr Rahimi dar, welcher aufgrund von Kriegszuständen in Afghanistan das Land 1998 verlassen musste und nach Deutschland migrierte.

```
„Y    Sie haben studiert und dann zwei Jahre gearbeitet und dann-
R     Mmmh ja: danach mmh ganz mmh gekommen Mudschaheddin und dann Krieg war
      das ganz war schlimmer //ja// ich hab ge- verloren das und geht nicht //Ok//
Y     Und in Deutschland (.) ihre ersten Tage (.) wie war das so
R     (2) wars gut @(2) natürlich war gut@
Y     War es ungewohnt war- was gabs für Schwierigkeiten
R     hier
Y     ja in Deutschland
R     Ähm in Deutschland äh zuerste Schwierigkeit war do zuerst Sprache (.) kann man
      nicht Sprechen auf Deutsch (atmet ein) und dann (1) fur zwei drei Jahre (1) ich hatte
      keine Erlaubnis für Arbeit ich hab keine dürfen arbeiten //hmm// (unverständlich) in
      Asylheim //hmm// (2) war schwigrig zuerst ja das ich muss sagen //Ok//" (Herr Rahimi
      Z.3-149)
```

Herr Rahimi durchlief zunächst eine Phase, in der er keinen gültigen Aufenthaltstitel besaß und ca. drei Jahre in einem Asylheim leben musste. Sein Betriebswirtschaftsstudium und seine Erfahrungen aus seiner Zeit in einer Bank verhalfen ihm dabei nicht zu einer schnelleren Abwicklung des Asylantrages. Herr Rahimi arbeitete bewusst auch nicht illegal, da er Angst vor einer Abschiebehaft hatte. Anders als die anderen Typen kann Herr Rahimi auch nicht auf soziale Kontakte zurückgreifen, die ihm entweder auf illegaler Ebene Arbeit, oder durch eine Ehe einen gleichrangigen Rechts- und Aufenthaltsstatus verschaffen würden. Er nahm sich seinem Schicksal des Asylverfahrens an und ertrug diese schwierige Zeit. Erst danach konnte er beruflich aktiv werden, wobei er lediglich als Reinigungskraft tätig war und immer noch ist. Sein mitgebrachtes Wissen und Können fand keine Anerkennung, was möglicherweise auch an der langen deprivativen Transitionsphase liegen könnte, welche seine Biographie maßgeblich prägt. Zudem spielten Sprachschwierigkeiten eine Rolle, was ihn ebenfalls bei der Akquise von Arbeit hemmte.

Asylantragsteller sind in aller Regel solchen typischen Restriktionen ausgesetzt, wie es bei Herrn Rahimi der Fall war. Die langen Wartezeiten sind dabei jedoch teilweise sogar so gewollt, um die MigrantInnen in der „Schwebe" zu halten und ggf. eine selbständige Rückkehr in das Heimatland zu erzwingen. Den hier vorliegenden Typus zeichnet aber auch eine anschließende Anstellung unterhalb der eigentlichen Qualifikation sowie eine Verstetigung in diesem Bereich aus.

7.2. Arbeitsmarkteinstieg und Arbeitsmarktpositionierung

In diesem Abschnitt stellt sich die Frage nach den unterschiedlichen Strategien, in den deutschen Arbeitsmarkt einzusteigen. Anhand einer Dreiergliederung werde ich eingangs unter 7.2.1. auf die Möglichkeit der Eigeninitiative und Eigenwerbung eingehen. Unter 7.2.2. zeige ich die unterschiedliche Nutzung von sozialen Kontakten und sozialem Kapital im Rahmen von zwei weiteren Typen auf. Zuletzt geht es in Punkt 7.2.3. um die Nutzung herkunftsland- und berufsbezogener Organisationen und deren Rolle beim Arbeitsmarkteinstieg.

7.2.1. Eigenwerbung und Arbeitsmarktintegration unterhalb der Qualifikation

Eigeninitiative bei der Berufswahl zu zeigen, ist gern gesehen bei Arbeitgebern, da hierdurch bereits auf verschiedene Eigenschaften geschlossen werden kann. Die hier interviewten MigrantInnen haben dies allerdings sehr unterschiedlich durchgeführt. Die wenigsten schrieben tatsächlich Bewerbungen und brachten diese dann möglicherweise noch persönlich in die jeweilige Organisation. Gründe dafür können nicht explizit genannt werden. Denkbar ist jedoch, dass sprachliche Hemmnisse ausschlaggeben dafür sind. Die Beherrschung der deutschen Sprache wird erstens in Form der Schriftsprache für die Bewerbung selbst und zweitens in einem späteren Vorstellungsgespräch in mündliche Form benötigt.

Frau Bakshi hatte in ihrer bisherigen ausschließlich akademischen Laufbahn viel Erfahrung mit dem Schreiben von Texten sammeln können. Somit ist sie auch die einzige, welche dieses Thema umfangreicher thematisiert als andere, obgleich sie dies im Kontext der tatsächlichen Verwertung ihres kulturellen Kapitals tut. So muss sie feststellen, dass eine klassische Bewerbung in Papierform in ihrem Fall nicht sehr effektiv ist, da diese ihre gesamte Bildungsbiographie offenlegt, was grundsätzlich keine Probleme bedeuten dürfte. Sie machte jedoch die Erfahrung, dass ihre vielen akademischen Abschlüsse eher beängstigend und abschreckend gegenüber Arbeitgebern wirken. Sie wird damit als zu hochqualifiziert eingestuft.[119] Nichtsdestotrotz hatte Frau Bakshi auch Erfolg mit dieser Bewerbungsmethode. Allerdings bezogen sich die daraus ergebenden Stellen auf solche unter ihrer Qualifikation, bspw. bei Burger King. Sie konnte damit also keine adäquate Verwertung ihres Wissens und Könnens erzielen.

Auch Frau Suvorov hat Erfahrungen mit Eigenwerbung gemacht, jedoch nicht in traditioneller Form, sondern auf einer Internetbörse. Hier stellte sie sich und ihre Vorstellungen für einen Beruf vor und adressierte damit vor allem Arbeitgeber im Reinigungsgewerbe und in der Kinderbetreuung.[120] Allerdings musste sie schnell feststellen, dass nicht nur diese auf ihre Anzeige antworteten. Frau Suvorov stammt aus Moldawien. Die damit verbundenen Klischees von Prostitution und Sextourismus werden ihr hier zugeschrieben, was die Mehrzahl der Antworten auf ihre Anzeige kennzeichnet. Obgleich diese Arbeitssuche kostenlos ist und sie damit keine Einbußen hat, belastet sie diese Stereotypisierung und Diskriminierung sehr, was sie jedoch mit einem Lachen versucht zu umspielen. Trotz dieser Erfahrungen erhält Frau Suvorov mithilfe dieser Methode auch lukrativere Angebote und kommt somit an eine Stelle im Reinigungsgewerbe. Hier arbeitet sie zwei Stunden pro Tag auf 400€-Basis, was allerdings mit ihrem Hart IV-Satz verrechnet wird und ihr daher

---

[119] ausführlicher dazu siehe 7.3.1.
[120] Das entsprechende Zitat von Frau Suvorov ist bereits unter 6.2. aufgeführt.

lediglich 100€ bleiben. Eine adäquate Verwertung ihres kulturellen Kapitals findet nicht statt. Stattdessen muss sie eine prekäre Anstellung annehmen, von welcher ihr letztlich nur ein Drittel des Verdienstes bleibt.

Dieser Typus der Arbeitsakquirierung zeichnet sich vor allem durch einen hohen zeitlichen und materiellen Aufwand und lange Wartezeiten aus. Im Resultat können aber weder Frau Bakshi noch Frau Suvorov daraus eine nennenswerte Rendite auf ihrem Qualifikationsniveau erzielen. Vielmehr werden sie Diskriminierungen ausgeliefert, was nicht zuletzt auch deren Psyche und Motivation beeinflusst. Frau Bakshi bspw. muss bewusst wahrnehmen, dass ihre hochgradigen akademischen Titel unerwünscht sind und Frau Suvorov muss feststellen, dass ihre wirtschaftliche Not noch ausgenutzt wird.

7.2.2. Soziale Kontakte als Motor für den Arbeitsmarkteinstieg auf unterschiedlichen Qualifikationsebenen

Nicht selten kann davon ausgegangen werden, dass ein Arbeitsmarkteinstieg einhergeht mit einem Aufbau sozialen Kapitals. Ein solches Netzwerk an Kontakten ist aber nicht nur das Ergebnis, sondern zumeist auch der Ausgangspunkt für einen Berufseinstieg. Dabei sind es vor allem lose und zufällige Bindungen, die Informationen liefern und Zugang zu bestimmten Institutionen verschaffen können. Solche Bindungen stehen oftmals auch direkt im Zusammenhang mit Organisationen und Beschäftigungsmöglichkeiten. Aufgrund der Beschaffenheit der vorliegenden Fälle, ist es möglich innerhalb dieses Typus zwei Subtypen zu generieren, welche ich im Kommenden erläutere.

7.2.2.1. Nutzung sozialer Kontakte im berufsbezogenen Kontext

Im Sample der Hochqualifizierten sind vor allem die Beispiele von Frau Bakshi und Frau Weber markant.

> „Y   Wie sind sie zu diesen ganzen äh Tätigkeiten gekommen?
> B   Ich habe äh diese 1€-Job die [Arbeitsagentur; MB] haben mir geschickt da und die da waren nette Leute dann da diese Kindergarten gelernt kennengelernt und da ich hab schon gearbeitet" (Frau Bakshi Z.52-54)

Frau Bakshi erhielt von der Arbeitsagentur ein Jobangebot für einen 1€-Job in einer kirchlichen Einrichtung, in der sie bei administrativen Arbeiten unterstützte. Dort lernte sie die KollegInnen kennen und erfuhr von einem Kindergarten, der ebenfalls zu dieser Einrichtung gehörte. Über ihre Chefin gelangte sie dann in diesen und arbeitete ebenfalls auf Niedriglohnbasis in dem Kindergarten. Sie schaffte es also innerhalb einer Tätigkeit ihr soziales Kapital soweit aufzubauen, dass sie dadurch eine andere Beschäftigung akquirieren konnte, die zumindest vom Tätigkeitsfeld gesehen für sie zutreffender war, da sie gern mit Menschen und insbesondere mit Kindern zu tun hat.

Eine weitere Anstellung erhält sie wiederum über eine Kontaktperson, die unmittelbar in einer Beziehung zu einer Organisation steht.

> „B   jetzt ich hab gerade so ne ich arbeite gerade hier (arke reus haus) [Das Rauhe Haus; MB] Aufwandentschädigungs mit behinderter Leute manchmal die rufen mich wenn die brauchen so etwas und nicht so viel Stunden bei monatlich 20 15 so etwas Stunden
> Y   Was machen Sie da?
> B   Da:: unterstützen die behinderte Leute (2) ja hier Klabauter mmh Berliner Tor da ist äh Theater mmh für diese behinderte Leute, die spielen und äh einige verkaufen Getränke (1) Kleinigkeit so und ich bin immer dabei wie die machen wenn die brauchen Hilfe die verstehen nicht wie viel Geld ich ( ) wenn ich sage und so ja (2) und manchmal ( ) Kirche da die machen sauber und so das alles und da ich bin auch dabei und äh kannst du so machen ja das geht ich möchte diese Richtung gehen [...] und diese Rauhaus da äh meine Nachbarin ist äh eine Sozialpädagogin und die arbeitet da Raueshaus und dann die hat gesagt kommst du probieren //hmm// und da ich war da u:nd äh die haben um Vorstellunggespräch und äh,OK kannst du einmal kommen und dann ich hab Probezeit gemacht und dann kannst du hier weiter machen aber nicht feste Aufwandentschädigung Arbeit" (Frau Bakshi Z.22-59)

Frau Bakshi schafft es hier durch eine Beziehung zu ihrer Nachbarin unmittelbar einen Zugang zu einer Organisation zu erhalten, da diese dort als Sozialpädagogin tätig ist. Auch hier kann sie wiederum ihren favorisierten Tätigkeiten nachgehen, was sich möglicherweise aus der direkten Kommunikation mit der Nachbarin ergab. Für diese Akquirierung ist die eingangs genannte Zufälligkeit sozialer Kontakte bestimmend, denn es ist davon auszugehen, dass sich Frau Bakshi und ihre Nachbarin aufgrund derer Berufstätigkeit nur selten sehen. In ihrer Tätigkeit hat sie vor allem viel mit geistig und körperlich Behinderten zu tun. Obgleich sie dadurch ihr soziales Netzwerk ausbaut, kann dies nicht als soziales Kapital begriffen werden, da durch die fehlende Rendite eine Verwertung und Nutzung dessen nicht möglich ist.

Obwohl sie den Arbeitsmarkteinstieg damit vollzieht, tritt eine adäquate Rendite nicht ein. Stattdessen erhält sie allenfalls eine Aufwandsentschädigung für ihre geleistete Arbeit. Zwar kann sie damit ihre Qualifikationen in den Bereichen deutsche Sprache und Berufserfahrungen aufbauen, doch zieht sich dieser Prozess eher schleppend dahin, da sie gerade in Bezug auf die Sprache mit den Behinderten keine ausschweifenden Gespräche führen kann.

Frau Bakshi bekam auf diese Art eine weitere Arbeitsstelle. Durch Gespräche mit Frau Hlaing – beide saßen im gleichen Deutschkurs – erfuhr sie von einer Sprachschule, in der Frau Hlaing selbst unterrichtete. Frau Bakshi bewarb sich schließlich mit ihrem Hindi-Studium als Sprachlehrerin und wurde angenommen. Obgleich sie dort nur bedarfsorientiert lehrte, konnte sie dennoch ihr kulturelles Kapital erstmals zu einer im besten Fall adäquaten Rendite verwerten.

Ähnlich wie Frau Bakshi konnte auch Frau Weber in einer Sprachschule ihre sozialen Kontakte nutzen. Ihr mitgebrachtes Englischstudium und ihre großen Fortschritte mit der deutschen Sprache veranlassten die dort lehrenden Dozenten dazu, ihr eine Teilzeitstelle als Englischdozentin für russischstämmige MigrantInnen anzubieten. Obgleich sie keine innige Beziehung zu den Dozenten besaß, konnte sie dennoch ihr soziales Kapital aufbauen, wodurch ihr kulturelles Kapital sichtbar wurde und sie damit eine Rendite erzielte.

Gleiches gilt für Herrn Said, welcher durch einen Bekannten, der in einem Restaurant arbeitete, die Gelegenheit erhielt, dort als Küchenhelfer zu arbeiten. In diesem blieb er und erreichte wiederum durch die Knüpfung von Kontakten – hier mit seiner Chefin – eine aussichtsreiche Karriere in diesem Restaurant.

Für diesen Typus ist markant, dass es durch die unmittelbare Verknüpfung der Kontaktperson zu einer Organisation zu relativ stabilen und lukrativen Beschäftigungsmöglichkeiten kommen kann. Allerdings spielt dabei vor allem die Qualität und Position des Kontaktes und der Organisation eine entscheidende Rolle.

7.2.2.2. Nutzung sozialer Kontakte ohne Berufsbezug

Soziale Kontakte ergeben sich jedoch nicht ausschließlich in oder um Organisationen, sondern auch durch lose, zufällige und zumeist unbewusste soziale Beziehungen, was an den Interviews von Frau Steinmüller und Herrn Rahimi deutlich wird.

> *„und dann meine Bekannte eine Bekannte habe ich Freund gefund der hat mir Arbeit in Krankenhaus gefund (.) seit zwei- 1992 (.) ich hab angefang in Krankenhaus gearbeitet Anfang in Boberg Krankenhaus (.) nach Riesing Krankenhaus (1) von Riesing Krankenhaus dann Altona (.) in gesamt 18 Jahre fast 19 Jahre hier gearbeitet" (Frau Steinmüller, Z.9-14)*

Frau Steinmüller und Herr Rahimi, die jeweils in Deutschland geheiratet haben, konnten durch die Heirat die sozialen Kontakte der Ehepartner nutzen und ihrem eigenen Netzwerk hinzufügen. Frau Steinmüller erhielt durch einen Bekannten, den sie sogar als Freund bezeichnet, eine Anstellung im Reinigungsgewerbe. Dieser Kontakt ist die Initialzündung, da sich daraus nicht nur eine kurze Anstellung, sondern eine fast 19 Jahre andauernde Beschäftigung ergibt, wobei sie unregelmäßig den Ort wechselt. Der Verbleib in dieser Branche ist dabei ihr eigener Verdienst, sodass ihre sozialen Kontakte daran keinen Anteil haben, wohl aber wie erwähnt als „Motor" fungieren.

Herr Rahimi konnte durch seinen Schwager ebenfalls eine Stelle im Reinigungsgewerbe erlangen.

> *„in Hamburg auch einer meine:: ähh: Schwager äh Schwager sag mal wo ein Firma ist und Bewerbung schreiben und jetzt selber sprechen (atmet ein) wenn ich hab gegangen wenn bin ich da gegangen gesagt ich möchte arbeiten gesagt Ok //hmm// und dann Bewerbung ich hab geschrieben und dann gegeben und dann nach einer Woche hab Antwort bekommen (unverständlich) und welche Datum ich anfang zu arbeiten" (Herr Rahimi Z.16-21)*

Auch hier wird wieder deutlich, dass der Schwager zwar die Firma kannte, aber mit dieser offenbar nicht in Verbindung stand. Vielmehr diente er zur Beschaffung der nötigen Informationen und als Unterstützung beim Bewerbungsschreiben. Mit der Abgabe der Unterlagen und der Antwort endete dann auch die Beziehung hinsichtlich der Arbeitssuche.

Dieser Typus ist gekennzeichnet durch eine Akquise nahestehender Bekannter, die einen geringen Verwandtschaftsgrad mit den hier Interviewten besitzen. Ohne eine direkte Verbindung zu den Beschäftigungen aufzuzeigen, geben sie Ratschläge und Hinweise für eine Bewerbung in diesen Organisationen. Diese sind allerdings durch Niedriglohnarbeit in stigmatisierten Branchen gekennzeichnet.

7.2.3. Herkunftsland- und berufsbezogene Organisationen als Möglichkeiten für den Arbeitsmarkteinstieg mit beschränkter Rendite

Für einen Einstieg in den Arbeitsmarkt haben auch Faktoren gesorgt, die eng mit der biografischen und wirtschaftlichen bzw. beruflichen Herkunft zu tun haben. Obgleich diese vorrangig auch durch soziale Netzwerke bedingt waren, die den Einstieg förderten, kann hier ein eigener Typus dafür vorgestellt werden. Markant dafür ist zunächst der Fall von Herrn Márquez, welcher in Mexiko als Grafikdesigner mit dem Schwerpunkt Webdesign tätig war und aufgrund des Heimwehs seiner deutschen Frau mit dieser nach Deutschland migrierte.

> *„ich hab etwas auch gesuchen über meine: Beruf (.) aber das war auch ähm kompliziert weil mein Deutsch is nix so gut ne nich so gut und ähm warten immer warten ne //hmm// äh dann wenn ich hab meinen Kurs gemacht ich hab auch in(1) gesuch Arbeit ne (1) dann ich hab auch ähm mich selbständig äh anmelden (1) u::nd ja manchmal ich hab äh (unverständlich) Projekt mich selbständigen mmh die letzte Jahr ähm vier oder drei Projekte ne in mit äh Leute kleine Projekte Flyers oder Website (.) in Moment ich äh bin ein Teilnahme in eine äh Verein eine ist eine deutsche Verein abe:r die Teilnehmer sind deutsches und Lateiner (1) und dieses Verein ist voll ist in Website (1) mmh wo wenn du kannst Information über Lateinamerika in Hamburg*

finden und ich bin die Webdesigner //hmm// aber das ist eine äh Verein ist keine Geschäft weißt du //also ohne Verdienst// ja is es wie eine Sozialhilfe für ihnen äh für diese Leute (1) aber trotzdem ich bin äh bei ihnen bei (1) bei diese Leute und da ich haben (.) viele kulturellen Informationen (1) in diese Website haben wir auch Informationen über ähm die Rechten von einer Lateinamerikaner oder einer alle portugiesisch oder Lateiner Leute ne (1) u:nd hab auch am in Januar eine: eine Job bekomm in die Küche weil mit selbständig kannst du nicht immer weiter weil so ist bisschen langweilig und so ist das auch bisschen schwer u:nd ich bin Köche ähm ich hab am Januar angefangen mit Köche in Teilzeit (1) die ganzen Woche Montag bis Samstag (1) oh das ist ganz neu für mich die Gastronomie ist ganz neu auch ist zuviel Stress (.) und seit die letzten Monat ich hab gedacht ich möchte nicht in die Gastronomie arbeiten ne weil ich äh mein Beruf und ich hab auch in die Jobcenter gefragt für ein Kurs fur eine Ausbildung oder ein Meister weil ich mochte mein Beruf auch //hmm// machen und dann ich bin in diesen Kurs jetzt weil ich mochte die Gastronomie lassen weil das ist zeitlich ne zeitlich for mich ähm warn warn das Ok aber am besten ähm arbeits- äh ein Job in mein Beruf (unverständlich) sechs Monaten in Gastronomie ist Ok ist kein Problem ich hab alle gelernt hier italienische Küche (1) aber das ist nicht für mich @definitiv nicht@" (Herr Márquez Z.7-34)

Neben seiner Selbständigkeit, die sich auf die Produktion von Flyern und die Gestaltung von Websites bezog, gelang es Herrn Márquez in dem Verein „Hamburger Lateinamerika-Gesellschaft e.V. (SoLatino)" als Webdesigner tätig zu sein. Damit konnte er nicht nur bezüglich seiner Herkunft, sondern auch in Bezug auf seinen Beruf eine adäquate Anstellung finden. Dass diese ehrenamtlich und ohne Lohn daher kommt, scheint ihn nur marginal zu stören. Vielmehr sieht er darin zum einen die Chance sowohl sein konjunktives Wissen inhaltlich als auch sein fachliches Wissen aus Mexiko einzusetzen. Zudem ist die ständige Beschäftigung mit den neuen Medien der Informationstechnologie für ihn entscheidend, da diese sehr schnelllebig sind und eine längere Auszeit für ihn ein uneinholbares Hindernis darstellen würde.

Von einer Verbindung zwischen Selbständigkeit und dem Verein kann hier nicht explizit ausgegangen werden. Es ist aber denkbar, dass er bei seiner Kundenakquise auf den Verein stieß und diesem zunächst seine Arbeit anbot. Daraus hätte sich dann eine unentgeltliche Anstellung bei dem Verein ergeben können. Dafür spricht, dass er diese beiden beruflichen Tätigkeiten unmittelbar nacheinander thematisiert, was auch eine biographische Verbindung für ihn impliziert. Obgleich seine Selbständigkeit letztlich nicht von großem Erfolg gekrönt war und er diese schließlich auch beenden musste, konnte er dadurch dennoch sein soziales Kapital erweitern, was sich hier eben darin auszeichnet, dass er gleichzeitig eine Verbindung zu seiner Heimat erhält. Der neu akquirierte deutsch-lateinamerikanische Verein bringt ihm wiederum einen Aufbau seines sozialen Netzwerkes, was sich vor allem durch Menschen auszeichnet, die einen ähnlichen biographischen Hintergrund haben, wie er selbst.

Auch Frau Bakshi schaffte es eine Anstellung zu finden, die in enger Verbindung zu ihrer Herkunft steht. Allerdings bezieht sich ihr Beispiel ausschließlich auf diese herkunftsbezogene Komponente und nicht auf eine berufliche.

> *„wir haben auch äh selbständig meine Mann hat auch mit Neben so einen Laden indische Laden ich auch seit zwei Jahre da bisschen geholfen aber da ich kenn kein Deutsch ich hab ( ) ich hab an der Kasse ich hab schon bisschen gelernt nur Geld da eins zwei drei wie vielen zurück geben ja und die Regal an ausfüllen und so etwas und das ich hab schon gemacht" (Frau Bakshi Z.74-78)*

Frau Bakshi findet in ihrer Anfangszeit den Einstieg in den Arbeitsmarkt über ihre ethnische Nische. Dabei spielt sowohl ihr aus Indien stammender Mann als Unternehmer, als auch der indische Laden eine Rolle. Die Tatsache, dass der Laden ihrem Ehemann gehört, welcher diesen als Nebenbeschäftigung betreibt, verweist darauf, dass Frau Bakshi keinen regulären Einstieg in den Arbeitsmarkt vollzogen hat, sondern vielmehr informell diese Beschäftigung fand und ausübte. Einerseits dient diese Situation ihrem Mann, welcher dafür weitere Kosten für Personal einsparen kann und andererseits ihr selbst, da sie so die Existenz ihrer Familie mit sichern kann. Ihr Lohn ist nachher der Gewinn des ganzen Ladens, was die wirtschaftliche Situation ihres Mannes als Betreiber und damit der ganzen Familie verbessert.

Oliver Schmidtke (2010) legt in diesem Zusammenhang zwei entgegengesetzte Diskurse dar, welche ethnische Nischen erfüllen können: 1. Instrument für eine Etablierung in informellen und prekären Arbeitsverhältnissen und 2. Sprungbrett für weitere höher qualifizierte Beschäftigungen.[121] Folgt man dieser Differenzierung und überträgt dies auf den vorliegenden Fall so wird schnell klar, dass es sich um den ersten Punkt handelt. Die Beschäftigung dient Frau Bakshi als eine simple Brückenfunktion für die Zeit bis zu ihrem ersten Deutsch-Kurs. Dabei gelingt es ihr – neben der ökonomischen Unterstützung für ihren Mann – erste Deutscherfahrungen zu sammeln und sich Kenntnisse über den Warenaustausch anzueignen. Zudem kann davon ausgegangen werden, dass sie sich durch die Nähe zu ihrer Familie und ihrer Herkunft, welche sich in den Produkten manifestiert, wohl fühlt. Diese Anstellung in der ethnischen Nische bietet zwar nicht direkt einen Übergang in den Arbeitsmarkt, doch stellt sie gute Voraussetzungen dar, um diesen zu einem späteren Zeitpunkt schaffen zu können. Sie verhilft also zur Aneignung neuen kulturellen Kapitals, hier vornehmlich der deutschen Sprache. Was jedoch die Verwertung des mitgebrachten

---

[121] vgl. Schmidtke 2010, S.248

kulturellen Kapitals angeht, so ist an dieser Stelle in keiner Weise eine qualifikationsadäquate Verwertung ihrer akademischen Abschlüsse zu verzeichnen.

Dieser Typus der Akquirierung von Arbeit für den Arbeitsmarkteinstieg ist vor allem durch einen Bezug zum Herkunftsland gekennzeichnet. Hierdurch offenbart sich zwischen den Interviewten und der Tätigkeit eine psychische Verbindung, welche ohnehin schon besteht und noch verstärkt wird und auf Nähe, Vertrauen und Gewohnheiten beruht. Die Beschäftigungen zeichnen sich vor allem durch ihren informellen und unentgeltlichen Charakter aus, wobei die Tätigkeit zumindest bei Herrn Márquez eine hohe Qualifizierung benötigt. Zudem kann sich in keinem der Fälle schon ein Übergang in eine höherwertige Stelle in einem regulären Arbeitsmarkt ergeben. Hierbei unterscheiden sich beide Interviews jedoch. Während Frau Bakshis Tätigkeit schon beendet ist und ihr diese außer den genannten informellen Lernprozessen nichts einbrachte, ist Herr Máquez noch bei dem Verein „beschäftigt". Dabei bietet sich für ihn stets die Möglichkeit mit anderen Mitgliedern in Kontakt zu treten und über diese eine ähnliche Stelle zu erhalten. Insgesamt bietet aber dieser Typus keine geeigneten Gelegenheiten für die adäquate – inhaltliche und finanzielle – Verwertung des mitgebrachten kulturellen Kapitals. Wohl aber dient er zumindest einem weiteren Aufbau dieses Kapitals.

7.3. Nutzung des kulturellen Kapitals

Nachdem bis hierhin dargestellt wurde, mit welchen Motiven die Interviewten nach Deutschland kamen und wie sie danach versuchten hier Arbeit zu finden, geht es in diesem Kapital konkret um die Frage, wie das mitgebrachte kulturelle Kapital genutzt, verwertet und rentabel gemacht werden konnte. Teilweise sind dazu schon in den vorangegangenen Kapiteln einzelne Aspekte aufgegriffen worden. Hier beziehe ich mich auf Schwerpunkte, die einer besonderen Diskussion bedürfen.

7.3.1. Die hochqualifizierten BildungsausländerInnen

Die Hochqualifizierten dieser Analyse weisen alle mindestens einen akademischen Abschluss auf, welcher im Heimatland erworben wurde. Diese Zertifikate unterscheiden sich jedoch bereits in Hinsicht auf ihre Verwertung im Heimatland. Frau Weber hat mit ihrem Sprachstudium für Rumänisch und Englisch bereits zwölf Jahre lang an einer Schule unterrichten können. Ähnliche Beschäftigungen können auch Herr Márquez, Frau Hlaing und Herr Rahimi vorweisen. Frau Bakshi konnte dagegen mit zwei Master- und einem Bachelor-Abschluss sowie einem Doktortitel noch keine adäquate Verwertung im Heimatland erzielen.

Nach der Migration nach Deutschland konnte keiner der Interviewten eine annähernd ähnliche, sowohl inhaltliche als auch finanziell vergütete Stelle akquirieren. Während sich gerade bei denjenigen, die noch nicht so lange in Deutschland leben, wie Frau Weber und Herr Márquez, immerhin eine inhaltlich gleiche Beschäftigung ergeben hat und so zumindest ein Erhalt und Aufbau des kulturellen Kapitals stattfindet, können andere, länger in Deutschland Lebende, wie Frau Bakshi oder Herr Rahimi, auch trotz dieser Zeit keine adäquate Verwertung erzielen. Stattdessen ergibt sich bei diesen eine Verstetigung in Beschäftigungen weit unterhalb der eigenen Qualifikation, wie im Reinigungsgewerbe und in der Systemgastronomie.

Nach Bourdieu (1992) sind die Titel und Zertifikate maßgeblich für den Eintritt in den Arbeitsmarkt verantwortlich. Allerdings hängt der Wert der Titel sowohl von der Nachfrage des Marktes als auch von soziokulturellen Veränderungen ab. Während also der Wert eines Titels im Heimatland noch hoch war und sich somit die Umwandlung des kulturellen in ökonomisches Kapital rentierte, besteht aufgrund der Migration ein anderes Verhältnis. Durch diese muss ein neuer Platz in einer anderen Gesellschaft, Wirtschaft, einem anderen technologischen Umfeld und innerhalb anderer demografischer Bedingungen eingenommen werden. Dadurch wird der Wert neu berechnet, was dazu führen kann, dass dieser wesentlich sinkt, was in den vorliegenden Fällen offensichtlich stattfand.[122]

Dieser Wertverlust kann hier aber nicht vollends auf den gesunkenen Wechselkurs zurückgeführt werden. Vielmehr spielen auch andere Aspekte eine wichtige Rolle. Von den meisten Interviewten werden dazu sprachliche Defizite genannt, welche keine hochqualifizierte Tätigkeit in Organisationen zulassen, die das Deutsche als einzige legitimierte Sprache ansehen. Sie finden sich dann zumeist in Stellen wieder, die nicht durch einen hohen kommunikativen Anteil charakterisiert sind, wie es eben das Reinigungsgewerbe oder die Systemgastronomie[123] darstellen.

Ich möchte nach dieser einleitenden Darstellung nun auf zwei Fälle innerhalb des Samples eingehen, die besonders diskussionsbedürftig sind.

Überqualifiziert: Ausgeprägtes institutionelles Kulturkapital als absteigende Statuspassage

---

[122] vgl. Bourdieu 1992, S.61 ff.
[123] vgl. dazu die Erfahrungen von Frau Bakshi bzgl. ihrer Zeit bei Burger King unter 6.1.

Frau Bakshis Fall wurde unter 6.1. bereits detailliert analysiert. Allerdings verzichtete ich bewusst auf eine Äußerung an dortiger Stelle, um diese nun hier umfassend darzustellen und zu diskutieren. Eine erste Andeutung dazu habe ich allerdings bereits unter 7.2.1. geschaffen.

> „ich hab auch Karstadt, C&A und toom und Walmart mich beworbt (1) und ich ich weiß nicht vielleicht ich schreibe in Lebenslauf ich hab so so so studiert und so (1) da die haben nee das ist hochqualifiziert und das vielleicht deswegen die sagen nein (1) @warum@ äh manchmal die Kollege sagen ne du musst nicht das alles schreiben ähm du hast so so gelernt denn gleich die haben Angst oder so etwas und äh (2) @ja kann sein@" (Frau Bakshi Z.140-146)

Nach mehreren Bewerbungen bei Einzelhandelsunternehmen bekam sie dennoch keine Arbeit, obwohl diese Tätigkeiten basierend auf ihrem vorherigen Kassentraining dafür nicht zu anspruchsvoll gewesen wären. Das konnte sich jedoch nicht bestätigen. Die Gründe dafür sieht sie darin, wie sie sich in ihren Bewerbungen darstellt. Dabei geht sie vor allem auf ihre Bildungsbiographie ein und stellt in Frage, ob eine detaillierte Auflistung dieser im Lebenslauf möglicherweise abschreckend wirken kann. Dabei unterstellt sie den Arbeitgebern, dass diese sie für zu hochqualifiziert halten könnten. Diese Annahme wird ihr auch von Kollegen bestätigt, sowie eine Verschwiegenheitsstrategie empfohlen, was für sie bedeutet, einige Aspekte ihrer Bildungsbiographie eventuell auszulassen, um den abschreckenden Faktor zu entschärfen.

Das kulturelle Kapital nimmt hier daher zwei Gesichter an. Zum einen stellt es die Qualifikationen, das Wissen und das Können dar, welches für den Arbeitsmarkt attraktiv macht und qualifiziert. Es besitzt also eine arbeitsmarktintegrative Funktion. Zum anderen wirkte es hier aber auch hemmend auf die Arbeitsmarktintegration, da die Arbeitgeber die erworbenen Abschlüsse eher als abschreckend und beängstigend statt als gewinnbringend einschätzten. Die Unterstützung durch die Kollegen zeigt, dass dies eine gängige Erfahrung zu sein scheint. Statt also ihre Bildungslaufbahn zu beschreiben, wird sie mehr und mehr dazu gezwungen auf eine Explikation ihres erworbenen institutionalisierten kulturellen Kapitals zu verzichten, was sie skeptisch betrachtet. Ihr Hochqualifiziertenstatus wird demnach zur Integrationsbremse. Dieses Beispiel macht klar, dass sich der Status Frau Bakshis gewandelt hat. Während sie als Hochqualifizierte nach Deutschland kam, muss sie – teils bewusst selbst verschuldet, jedoch unbewusst wahrgenommen und unbeabsichtigt – nun feststellen, dass sie diesen verloren hat bzw. ihr dafür überhaupt kein Raum gelassen wird. Sie hat letztlich darüber die Kontrolle verloren.

Diese Beschäftigungen im Einzelhandel, für die sie sich hier beworben hatte, erfordern in der Regel keine akademischen Titel, sondern verlangen viel körperliche Arbeit und schnelle Aneignungsprozesse. Sie muss daher die jeweilige Ausschreibung und die Eigenschaften der Stelle antizipieren und ihren Lebenslauf darauf anpassen. Eine Bewerbung bspw. für eine Beschäftigung als wissenschaftliche Mitarbeiterin muss dagegen die akademischen Titel vorweisen können, da diese hierfür teilweise vorausgesetzt werden. Es wird daraus ersichtlich, dass mitgebrachtes kulturelles Kapital nicht zwangsläufig förderlich für jede Tätigkeit sein muss. Vielmehr bestimmen tätigkeitsbezogene Qualifikationen einen Einstieg in den Arbeitsmarkt.

Falschqualifiziert: Die Wertlosigkeit mitgebrachten kulturellen Kapitals

Frau Hlaing studierte in Birma englische Literatur, absolvierte dieses mit einem Bachelor of Arts und arbeitete danach für eine internationale Hilfsorganisation, die sich an arme Menschen und unterentwickelte Regionen in Birma richtete. Ein konkreter Bezug kann zwischen Studium und Arbeit zwar nicht gesehen werden, doch half ihr dieses zumindest durch die Kenntnisse in der englischen Sprache, sodass sie problemlos mit anderen internationalen Unternehmen und Organisationen zusammenarbeiten konnte. Sie konnte daher für eine relativ lange Zeit Erfahrungen sammeln und inkorporiertes kulturelles Kapital in diesem Bereich aufbauen. Bei einer Nutzung dieses in Deutschland, machte sie dann allerdings die folgende Erfahrung.

> "I want to get a job but äh the problem is (1) I have send: many of my application (1) so viel Bewerbung so: //hmm// viel viele Firma (1) aber ich bekomme die Antwort von Ihnen dass ich habe keine Ausbildung hier in Deutschland (atmet ein) und deshalb meine Erfahrung von mein Land ist nicht nutzbar hier (1) sie sagte das (.) u:nd meine deutsche Sprache (.) sie sagte das ist no- nicht genug (.) und das ist ich einverstanden @(1)@ [...] and so and now I:: is is actually that (1) my proficiency (.) is not for Deutschland äh Deutschland is already industrial country (1) not a developed- developing country //hmm// this is already developed and this is why äh the work that I experier for the developing (.) that is not useful here (.) that cannot be used here and that is why I:: I'm thinking about what kind of job I can find here and I also need a some advice from you and also from other people //yeah//" (Frau Hlaing Z.1-13)

Frau Hlaing hat bereits intensive Bewerbungsanstrengungen hinter sich, die jedoch alle zu keinem Arbeitsmarkteinstieg führten. Explizit wird ihr dies damit, dass sie keine Ausbildung in Deutschland absolviert hat. Daraus ergibt sich, dass sie ihre Erfahrungen aus Birma nicht verwerten kann. Bis hierher stellt sie damit einen Fall dar, der nahezu auf fast alle MigrantInnen zutreffen könnte. Was sie jedoch von diesen unterscheidet, ist der konkrete Bezug ihrer Erfahrungen auf ein Gebiet, welches in Deutschland nicht vorhanden ist. Sie konnte sich demzufolge in Birma informell und non-formell nur Wissen und Können aneignen, dass sich ausschließlich auf unterentwickelte Länder und deren Probleme bezog. Da Deutschland kein Entwicklungsland ist, kann sie ihr inkorporiertes kulturelles Kapital nicht verwerten.

Frau Hlaing gerät hier unter die Bedingungen des Marktes, auf dem sie versucht ihr Wissen und Können zu verkaufen. Ihr Problem ist dabei nur, dass dieser Markt ihr verinnerlichtes Kulturkapital nicht nachfragt und somit auch keine Beschäftigungsmöglichkeiten für sie anbieten kann. Was ihr Studium und den B.A.-Abschluss angehen, scheint es, als würde sie diese teilweise sogar ausblenden, da sie sich fast ausschließlich auf ihre Zeit in der Hilfsorganisation bezieht. Letztlich kann aber auch hier davon ausgegangen werden, dass der Abschluss nur einen geringen Wert besitzt, was ihr möglicherweise bereits bewusst ist.

An diesem Beispiel wird deutlich, welchen großen Einfluss der Markt sowie der Kontext für das kulturelle Kapital darstellen. Zudem zeigt sich hier Bourdieus Kritik an der Humankapitaltheorie, welche die Nachfrage des Marktes gänzlich außer Acht gelassen hatte. Dass diese Nachfrage besondere wichtig ist, zeigt die Erfahrung von Frau Hlaing beispielhaft.

7.3.2. Die mittelqualifizierten BildungsausländerInnen

Diese Gruppe des Samples zeichnet sich durch einen niedrigeren als akademischen Abschluss aus. Dabei gibt es sowohl rein berufliche Abschlüsse (Frau Steinmüller, Frau Hildebrand und Frau Suvorov), als auch abgebrochene akademische Laufbahnen ohne Zertifikat (Frau Fernandez), welche mit anschließenden beruflichen Erfahrungen das Defizit zu kompensieren versuchten. Obgleich es Unterschiede gibt, konnten alle Interviewten in ihrem Heimatland eine Rendite aus ihrem aufgebauten kulturellen Kapital erzielen. Es kann hierunter verzeichnet werden, dass mit einer höheren Anzahl an Titeln und Zertifikaten, wie es Frau Suvorov zeigt, erwartungsgemäß auch höhere Renditen, längere Arbeitszeiten innerhalb einer Organisation und höherwertigere Tätigkeiten einhergehen.

Die Migration nach Deutschland wirkt sich unterschiedlich auf die erfolgreiche Verwertung des kulturellen Kapitals aus. Frau Steinmüller kam aufgrund schlechter wirtschaftlicher Bedingungen in Ghana nach Deutschland. Ihre mitgebrachte, abgeschlossene Friseurausbildung spielt für sie in Deutschland keine große Rolle. Vielmehr geht es ihr um das schnelle Geld, sodass sie auf einer niedrigen Qualifikationsebene beginnt zu arbeiten und dort auch für fast 19 Jahre verbleibt. Ihre

Reinigungstätigkeit führt sie ungelernt durch, was bedeutet, dass ihr bis dahin erworbenes kulturelles Kapital keine Rolle spielt. Dennoch kann sie damit sowohl einen erfolgreichen Arbeitsmarkteinstieg als auch einen Verbleib erreichen. Es kann zudem davon ausgegangen werden, dass ihre erlernte Berufsausbildung als Frisörin als auch ihre jahrelang in Deutschland ausgeübte Tätigkeit als Reinigungskraft als nahezu gleichwertig anzusehen sind, da auch bei letzterer entscheidende Kenntnisse über chemische Inhaltsstoffe und Verfahrenstechniken vorhanden sein müssen. Auch wenn ihr institutionelles kulturelles Kapital keine Verwertung findet, gelingt es ihr abseits dieses ein neues, jedoch inkorporiertes Kulturkapital aufzubauen. Und damit unterscheidet sie sich auch maßgeblich von den anderen Interviewten dieses Typus.

Frau Suvorov, Frau Hildebrand und Frau Fernandez hatten im Wesentlichen partnerschaftliche und familiale Orientierungsmuster vor, während und nach ihrer Migration nach Deutschland. Eine finanzielle Absicherung war demnach gegeben, was eine unmittelbare Verwertung kulturellen Kapitals zunächst nicht notwendig machte. Zu einem späteren Zeitpunkt legten sich dann verschiedene Hürden in den Weg, die sich vor allem bei Frau Hildebrand und Frau Suvorov aufgrund ihrer familialen Orientierungen ergaben. Frau Suvorov wurde durch ihren Mann zu Hause arrestiert, wodurch sie ihr bisheriges kulturelles Kapital inklusive ihrer Heimatsprache fast verlor und auch kein neues aufbauen konnte. Im Anschluss daran versucht sie zwar eine adäquate Verwertung zu erzielen, doch kann sie aufgrund ihrer Kinder genau wie Frau Hildebrand keinen erfolgreichen Arbeitsmarkteinstieg erzielen, da sie familial zu abhängig geworden sind. Beiden stehen allenfalls prekäre und unterbezahlte Tätigkeiten im Reinigungsgewerbe und Einzelhandel zur Verfügung. Diese greifen zwar einerseits teilweise das mitgebrachte kulturelle Kapital auf, wie die Buchhaltertätigkeit von Frau Hildebrand, andererseits ist die Verwertung sowohl finanziell als auch inhaltlich weit weg von dem, was das eigentliche kulturelle Kapital darstellt.

Auch der Typus der Mittelqualifizierten kann wie die Hochqualifizierten keine adäquate Verwertung kulturellen Kapitals erzielen. Dabei spielen vor allem die geringere Einzigartigkeit und der Wert der Abschlüsse eine Rolle, die zudem austauschbarer sind als akademische Titel und Zertifikate. Dennoch ist zu verzeichnen, dass der Abstieg in einen anderen Status nicht so extrem ist, wie derjenige der Hochqualifizierten. Beide Typen können oftmals Verwertungen erzielen, die sich jedoch unterhalb der eigentlichen Qualifikation bewegen. Der Unterschied liegt letztlich eben nur darin, dass die Differenz bei den Hochqualifizierten größer ist als bei den Mittelqualifizierten.

7.3.3. Die unterqualifizierten MigrantInnen

Der Typus der unterqualifizierten MigrantInnen impliziert bereits zu Beginn, dass es sich bei diesem nicht um institutionelles kulturelles Kapital handeln kann, da keine beruflichen oder akademischen Abschlüsse nach der Schule erreicht wurden. Folglich kann also nur das inkorporierte Kulturkapital von Bedeutung sein.

Herr Said, als einziger Fall der Studie für diesen Typus, beginnt aus Angst vor dem Militärdienst nach seiner Schulzeit ein Studium an einer technischen Hochschule. Dieses beendet er aus den bekannten Gründen der illegalen Migration nach Italien und Deutschland jedoch nicht. In dieser Zeit sowohl vor und während der Migration kann er sich jedoch in der Gastronomie für eine Zeit lang Arbeit verschaffen. Dadurch gelingt es ihm, sein Wissen und Können durch informelle und non-formale Prozesse zu erweitern. Dass er dann auch in Deutschland eine ähnliche Stelle bekommt, zeigt, dass sich dieses inkorporierte kulturelle Kapital positiv auswirkt. Dafür benötigt es allerdings eine gewisse Zeit, um dieses Können auch zu zeigen, um so auch das Vertrauen des Arbeitgebers zu gewinnen. Dieses Vertrauen wäre bei vorliegenden Zertifikaten bereits vorhanden bzw. stärker ausgeprägt.

Als Unterqualifizierter findet sich Herr Said schnell mit der Situation ab, dass er auch nur niedrig qualifizierte Tätigkeiten ausführen kann. Umso motivierender ist es dann für ihn, als er eine solche Stelle akquirieren kann, da dies nicht der grundlegenden Erwartung entspricht. Er kann demzufolge seinen Status eigentlich nur verbessern. Allerdings ist er dabei auch viel stärker auf sein soziales Kapital angewiesen als die anderen beiden Typus, da er sich nicht oder nur schwer auf dem Arbeitsmarkt anbieten kann. Er muss daher auf mehr oder weniger glückliche Momente hoffen, um eine Stelle zu finden.

8. Ergebnisse: Statuspassagen, Arbeitsmarktpositionierung und Verwertung des kulturellen Kapitals

Im Kapitel 7 habe ich anhand von drei Themenkomplexen gezeigt, mit welchen Motiven MigrantInnen nach Deutschland kommen, wie sie Arbeit gefunden haben und wie sich dabei ihr mitgebrachtes kulturelles Kapital auswirkte. In diesem Kapitel möchte ich noch einmal die wichtigsten Ergebnisse aufgreifen.

Migration und rechtliche Gleichstellungsstrategie

Ein begünstigender und motivierender Faktor für eine Migration nach und einen Verbleib in Deutschland scheint die gleichrangige Rechtsstellung des Partners oder eine schnelle Heirat mit einem Einheimischen zu sein. Dadurch erhalten auch die MigrantInnen einen gleichrangigen Rechtsstatus, wodurch sie weder in die Illegalität noch in lang andauernde Asylverfahren geraten. Sie können rechtlich gesehen nahezu ungehindert in den Arbeitsmarkt eintreten und Beschäftigungen aufnehmen. Diese Strategie wurde früher oder später von allen Interviewten durchgeführt, was zeigt, dass sie sich zumindest rechtliche Vorteile auf dem Arbeitsmarkt gegenüber anderen MigrantInnen reservieren wollten. Eine Vorgehensweise die von anderen Untersuchungen wie der von Nohl/Ofner/Thomsen (2010) kontrastiert wird, da sich hierbei ergab, dass MigrantInnen explizit gegen eine Heirat waren, nur um dadurch rechtliche Gleichstellungen zu erfahren. Es geht damit ein Drang nach einer eigenständigen Verwertung von Wissen und Können sowie rechtlichen Inklusion in Deutschland einher.[124] Warum es in den hier vorliegenden Fällen so einstimmig dazu kam, dass eine Ehe mit einem rechtlich Gleichgestellten vorgezogen wurde, kann nur gemutmaßt werden. Sicherlich spielen dabei auch die oftmals existierenden Kinder aus einer früheren Partnerschaft eine Rolle, wie bei Frau Suvorov. Denkbar ist aber auch eine Heimatsehnsucht, die durch einen Ehepartner aus demselben Herkunftsgebiet gelindert wird, wie bei Herrn Rahimi. In Ansätzen ließen sich aber auch Fälle herauskristallisieren, die zwar nicht vorrangig aber sehr eindringlich auf einen gleichrangigen Rechtsstatus abzielten, wie bei Frau Steinmüller und Herrn Said. Inwiefern es sich in diesen Fällen um Scheinehen handeln könnte, kann nicht gesagt werden.

---

[124] vgl. Nohl/Ofner/Thomsen 2010, S.78 f.

Soziale Kontakte, Organisationen und Arbeitsmarkteinstieg

Einmal in Deutschland angekommen ist es vor allem das soziale Kapital, welches Möglichkeiten der Arbeitsmarktintegration sicherstellt. In dieser Studie konnte dabei auf zweierlei soziale Kontakte eingegangen werden. Zum einen solche, die einen direkten Bezug zu einer Organisation darstellten und zum anderen solche, die einen solchen Kontextbezug nicht aufwiesen. Es konnte dabei gezeigt werden, dass es bei beiden Formen zu Arbeitsmarkteinstiegen kommt, die sich jedoch in ihrer Qualität, Verwertung des kulturellen Kapitals und der sich ergebenden Rendite stark unterscheiden.

Während organisationsunabhängige Kontakte auf der einen Seite zwar für eine relativ lange Dauer eine Stelle verschaffen können, zeichnen sich diese besonders durch unterqualifizierende Tätigkeiten aus. Somit sind auch weder das mitgebrachte kulturelle Kapital verwertbar, noch kann dabei eine adäquate Rendite erzielt werden. Zudem ist der lange Verbleib in einer solchen Stelle, wie es Frau Steinmüller und Herr Rahimi zeigen, als eine Verstetigung in diesem Gebiet zu begreifen. Ähnliches stellt auch von Hausen (2010) fest. Es kommt dadurch langfristig zu einem Verlust kulturellen Kapitals, der durch technologische Entwicklungen und andere Veränderungen uneinholbar wird. Zudem spielen motivationale Einbrüche und Resignation bzgl. eines Anspruches auf die eigene Tätigkeit eine Rolle.[125] Dies kann jedoch für diese Studie noch nicht festgestellt werden. Dennoch, und so auch Thomsen (2010), sind die Kontakte Initialzündungen für einen Arbeitsmarkteinstieg, aber keine dauerhaften Begleitumstände. Nach einer Anfangsphase und einem ersten Einstieg sind die Kontakte nicht länger von Bedeutung und Nutzen.[126]

Auf der anderen Seite stehen Kontakte, welche einen direkten Bezug zu Organisationen besitzen. Diese ergeben sich sowohl außerhalb von Organisationen durch mehr oder weniger zufällige Interaktionen, als auch innerhalb von Organisationen. Beides zeigt sich bspw. in den Fällen von Frau Bakshi und Herrn Said, welche einerseits durch Bekannte von einer Beschäftigung erfahren, andererseits unmittelbar bei dieser über Kollegen eine neue Stelle akquirieren konnten. Insgesamt verhelfen solche organisationsbezogenen Kontakte zu höherwertigen Anstellungen als sich dies bei organisationsunabhängigen Kontakten abzeichnet. Dabei kommt es zwar nur in seltenen Fällen zu einer adäquaten Verwertung des kulturellen Kapitals, doch

---
[125] vgl. von Hausen 2010, S.189 f.
[126] vgl. Thomsen 2010, S.262 f.

verweist die höhere Qualität der Tätigkeiten auf eine ebenso höhere Verwertung und Rendite, wenn auch nicht auf finanzieller, dann zumindest auf inhaltlicher Ebene.[127]

Erwähnenswert sind schließlich noch die Möglichkeiten eines Arbeitsmarkteinstieges, die sich durch herkunftslandbezogene Organisationen ergeben, wie es bspw. die deutsch-lateinamerikanische Vereinigung für Herrn Márquez darstellte. Thomsen erwähnt dazu, dass aus der Mitgliedschaft in diesen neue Kontakte und Alternativen resultieren, die sich letztlich netzwerkartig auswirken können.[128] In dieser Studie kam es bislang noch nicht dazu. Es handelt sich hier vielmehr um Beschäftigungsverhältnisse, die zwar teilweise qualifikationsadäquat daherkommen, doch weder finanziell lohnenswert sind, noch die genannte Netzwerkfunktion erfüllen. Es sind einfache Arbeitsmöglichkeiten zum Erhalt der Beschäftigungsfähigkeit und der eigenen Qualifikationen.

Gegenüberstellung der unterschiedlichen Bildungsbiographien in Hinblick auf die Verwertung des mitgebrachten kulturellen Kapitals

Diese Arbeit hat ganz bewusst verschiedene Bildungsbiographien in den Blick genommen, um unterschiedliche Erfahrungsräume aufzeigen und gegenüber stellen zu können. Obgleich eine gleichwertige Verteilung der Bildungsbiographien im Sample nicht möglich war, werde ich hier die vorliegenden Daten nutzen um eine Gegenüberstellung in Ansätzen durchzuführen.

Die größte Gemeinsamkeit aller Interviewten ist die Tatsache, dass keiner eine adäquate Verwertung seines kulturellen Kapitals erzielen konnte, obwohl einige bereits seit vielen Jahren in Deutschland leben. Sie verlaufen sich dagegen regelrecht in unterqualifizierten Tätigkeiten ohne adäquate finanzielle Rendite. Auch auf inhaltlicher Ebene, d.h. dem Aufbau neuen kulturellen Kapitals, können sie insgesamt nur wenig Kapital erzielen. Das Hauptproblem scheint dabei die Beherrschung der deutschen Sprache zu sein. Das Defizit in dieser wirkt sich dabei aber nicht nur auf ihre Arbeitsmarkteinstiege aus, sondern beeinflusst auch maßgeblich ihren sozialen Status und ihre Integration in gesellschaftliche Prozesse. Daraus schließend können sich dann durch ein geringeres soziales Kapital auch keine Möglichkeiten für Beschäftigungen ergeben.

---

[127] vgl. auch Thomsen 2010, S.263 f.
[128] vgl. Thomsen 2010, S.264 f.

Der größte Unterschied zwischen den einzelnen Bildungsbiographien liegt in der jeweiligen Erwartungshaltung. Hochqualifizierte kommen in der Regel mit der Erwartung nach Deutschland, durch ihre akademische Ausbildung sowie die anschließende berufliche Karriere eine ähnliche hochwertige Beschäftigung zu erhalten und gehen dabei von der Einzigartigkeit ihres Wissens und Könnens aus. Auch Mittelqualifizierte haben solch eine Erwartung, da auch sie eine berufliche Ausbildung besitzen. Dass diese aber nicht so einzigartig sind, wie die Abschlüsse der Hochqualifizierten, muss auch die Erwartung von vornherein geringer ausfallen. Die Erwartungshaltung bei den unterqualifizierten MigrantInnen ist dagegen ambivalent. Zum einen dürften sie keine Erwartung auf einen erfolgreichen Arbeitsmarkteinstieg besitzen, da sie keine abgeschlossene Berufsausbildung o.ä. vorweisen können. Zum anderen besitzen sie aber gerade dadurch eine hohe Erwartung, da sie somit als ungeschliffene Rohdiamanten gelten und nicht mit Titeln und Zertifikaten geschmückt sind, die in Deutschland ohnehin gar nicht oder nur schwer anzuerkennen sind.

Diese Erwartungen führen nach einiger Zeit zu einem Soll-Ist-Abgleich, d.h. welcher Status sollte oder wollte erreicht werden und welcher wurde tatsächlich erreicht. Dabei entsteht zwischen den Bildungsbiographien ein entgegengesetztes Status-Schema. Während der Status der Hochqualifizierten durch die fehlende Anerkennung und Verwertung ihres kulturellen Kapitals sinkt, steigt der Status bei den Unterqualifizierten, da diese in ihrem Berufsstatus bereits sehr weit unten sind und daher der Aufstieg wesentlich einfacher ist. Die Mittelqualifizierten bleiben in der Regel im Spektrum ihres beruflichen Status, was zwar nicht bedeutet, dass sie dieselbe Tätigkeit ausüben, aber eine, die gleichsam durch eine andere berufliche Ausbildung erlernt werden kann. Damit sind bspw. Dienstleistungsberufe gemeint, wie es Frau Steinmüller, die Frisörin gelernt hat, und Frau Suvorov zeigen, die als Bäckerin- und Konditorin ausgebildet wurde, und in Deutschland als Reinigungskräfte arbeiten. Das folgende Schema soll diesen Zusammenhang verdeutlichen.

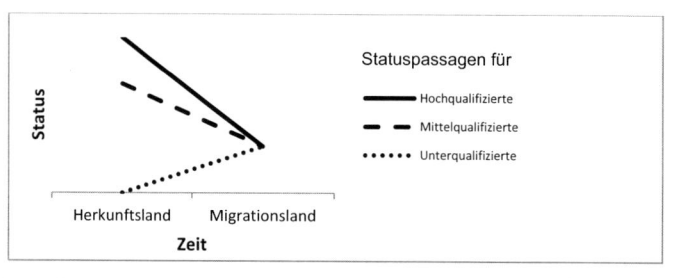

Abbildung 1

Die Abbildung 1 zeigt die Entwicklung der Status für die hier interviewten MigrantInnen. Dabei senkt sich der Status bei Hochqualifizierten und Mittelqualifizierten, wobei der Graph für Letztere flacher ist, weil die Erwartung auf einen erfolgreichen Arbeitsmarkteinstieg geringer ist als bei Hochqualifizierten. Unterqualifizierte beginnen dagegen bei „Null" und arbeiten sich dann nach oben. Auffällig ist, dass sich alle Bildungsbiographien am Ende in einem nahezu identischen Berufsstatus einfinden. Dieses Schema stellt die Mehrzahl der Erfahrungen der Interviewten dar. Einzelne Ausnahmen, wie die Stellen in Sprachschulen von Frau Bakshi, Frau Hlaing und Frau Weber, sind zumeist kurzfristig und nicht immer kontinuierlich. Dennoch gelten sie als Ansätze einer adäquaten Verwertung von kulturellem Kapital.

Die hier untersuchten Hochqualifizierten unterscheiden sich noch in einer anderen Dimension von Mittel- und Unterqualifizierten. Frau Bakshi, Frau Hlaing, Frau Weber und Herr Márquez besaßen in ihrem Herkunftsland beruflich abgesicherte Positionen, die lukrativ und aussichtsreich waren. Im Gegensatz dazu besaßen die anderen Interviewten unsichere berufliche Beschäftigungsverhältnisse oder waren gar nicht berufstätig. Beiden Gruppen ist aber gemein, dass sie, wie im Schema oben, in Deutschland nur prekäre oder unterqualifizierte Tätigkeiten ausüben können und dürfen. D.h. dass die Hochqualifizierten auch in dieser Hinsicht einen drastischen Statuswechsel durchmachen mussten. Die Frage, warum sie sich gegen diese berufliche Sicherheit in ihrem Herkunftsland entschieden, ist nur schwer zu lösen, geht aber mit der Erwartungshaltung nach der Migration einher, einer ähnlichen Stelle wieder nachgehen zu können. Rückkehrgedanken wurden dann durch familiale Orientierungen überlagert.

9. Beantwortung der Fragestellungen und Grenzen der Forschung

In diesem letzten Kapitel werde ich die eingangs gestellten Fragen zusammenfassend beantworten und anschließend die Grenzen dieser Forschung aufzeigen.

Die zentrale Frage dieser Arbeit war, wie MigrantInnen der Einstieg in den deutschen Arbeitsmarkt gelingt.

Diese Frage konnte vor allem in den Punkten 7.2. und 7.3. beantwortet werden. Geht es jedoch um die entscheidendere Frage, wie die MigrantInnen einen erfolgreichen Arbeitsmarkteinstieg schafften, so kann gesagt werden, dass sich ein Erfolg nur in den wenigsten Fällen und dann auch nur temporär abzeichnete. Die hier untersuchten MigrantInnen konnten nur in Ausnahmefällen eine adäquate Verwertung ihres kulturellen Kapitals erzielen.

Welche Probleme treten dabei auf?

Die Probleme sind vielschichtig. Besonders häufig wurden Sprachdefizite genannt, die eine Akquirierung von Arbeit verhindern. Es sind aber auch Einschränkungen durch Aufenthaltstitel, langwierige Behördenvorgänge und Nichtakzeptanz von Bildungstiteln seitens des Marktes hervorgetreten. Die Anerkennung dieser von staatlicher Seite wurde hier nur marginal betrachtet. Als eines der größten Hemmnisse stellte sich aber bei Vielen die Familie heraus, sowohl im Kontext des Migrationsmotives als auch im Zusammenhang mit der Aufnahme von Vollzeitstellen, wenn Kinder vorhanden waren. Die familialen Orientierungen dieser MigrantInnen waren sehr groß, überlagerten die Erwerbsorientierung und beeinflussten den Arbeitsmarkteinstieg somit negativ.

Wo bestehen Unterschiede zwischen den unterschiedlichen Bildungskarrieren?

Diese Gegenüberstellung konnte im Punkt 7.3 ausführlich dargestellt werden. Dabei hat sich ergeben, dass unabhängig von der Bildungsbiografie der Arbeitsmarkteinstieg auf einem bestimmten Level stattfindet. Auf diesem Level finden sich letztlich alle drei Typen wieder ein, wobei dies für die Hoch- und Mittelqualifizierten einen Statusabstieg, für die Unterqualifizierten einen -aufstieg bedeutet.

Wie kann das kulturelle Kapital aus dem Herkunftsland auf dem deutschen Arbeitsmarkt eingebracht und nutzbar gemacht werden?

Die Verwertung und Nutzung des mitgebrachten kulturellen Kapitals auf dem deutschen Arbeitsmarkt bezieht sich vorrangig auf Wissen und Können, welches inkorporiert vorliegt. Ein expliziter Arbeitsmarkteinstieg aufgrund der Bildungstitel fand fast nicht statt. Eine auffällige Strategie zur Verwertung des kulturellen Kapitals zeigte sich anhand des sozialen Kapitals. Dieses – in Form von Familienmitgliedern, Bekannten, Freunden, sowie herkunftsbezogenen Organisationen – verhalf in vielen Fällen zur Akquirierung von Beschäftigungsmöglichkeiten, jedoch unterschiedlicher Renditen und Qualifikationsniveaus.

Besteht eine Dominanz von Bildungstiteln bei der Zuweisung von wirtschaftlichen Positionen?

Eine Dominanz von Bildungstitel, wie es Bourdieu (1992) formulierte, konnte hier nicht festgestellt werden. Im Gegenteil ergab sich sogar, dass bestimmte hochqualifizierte Titel vom Markt ignoriert und bewusst gemieden wurden. Generell zeigte sich ein Schwerpunkt auf inkorporiertem Kulturkapital.

Wie verlaufen Statusübergänge während und nach der Migration nach Deutschland?

Die Statusübergänge bzgl. des Arbeitsmarkteinstieges während und nach der Migration verlaufen für die Hoch- und Mittelqualifizierten negativ. Während sie zum großen Teil in ihrem Herkunftsland über einen abgesicherten Berufsstatus verfügten, müssen sie nun in Deutschland weit unterhalb ihrer Qualifikation und in prekären Verhältnissen arbeiten. Eine adäquate Rendite kann daraus nicht erzielt werden. Bei Unterqualifizierten zeigt sich dagegen eine unerwartet positive Entwicklung des Berufsstatus.

Grenzen der Forschung

Dass diese Studie nicht mit den positiven Ergebnissen anderer mithalten kann, was den Erfolg von MigrantInnen auf dem Arbeitsmarkt angeht, liegt zum großen Teil an den Interviewten selbst. Hier wurden nur MigrantInnen interviewt und einbezogen, die nicht vorrangig nach Deutschland kamen, um hier adäquat zu arbeiten, sondern aus diversen anderen Gründen migrierten. Es handelt sich also nicht um Qualifikationsorientierungen. Zudem besitzen vor allem die Hochqualifizierten fast ausschließlich gesellschaftsbezogene oder „künstlerische" Studienabschlüsse. Diese werden bei Aus- wie Inländern gegenüber einem medizinischen oder technischen Abschluss vom Markt generell schlechter ge- und bewertet. Die MigrantInnen verlieren also die Mittel-Zweck-Kalkulation des Marktes.

Ein weiterer Grund liegt darin, dass die Interviewten teilweise nicht länger als fünf Jahre in Deutschland leben. Eine Zeit, in der sie teilweise ohnehin schon lange auf ihre rechtliche Gleichstellung warten mussten. Sie sind daher auch noch nicht beruflich etabliert. Diese Fälle können zum großen Teil lediglich die erste Phase der Berufskarrieren in Deutschland wiedergeben, während andere Forschungen Fälle von bereits beruflich erfolgreichen MigrantInnen vorweisen können. Dahingehend ist dann auch ein größeres zeitliches Spektrum vorhanden, in dem eine Etablierung stattgefunden haben könnte.

Diese Analyse ist eher als eine problemgerichtete als lösungsgerichtete Forschung aufzufassen d.h. es geht vorrangig um Probleme und Faktoren, die einen Arbeitsmarkteinstieg verwehren. Dies wurde von Vornherein dadurch bedingt, dass die hier einbezogenen MigrantInnen ausschließlich noch keinen adäquaten, erfolgreichen Arbeitsmarkteinstieg geschafft haben.

Am Ende kann aber gesagt werden, dass mit dieser Studie die Debatte um eine effektive Nutzung des Humankapitals aus dem Ausland am Leben gehalten und insbesondere um die Perspektiven der Mittel- und Unterqualifizierten ergänzt wird.

10. Literaturverzeichnis

Beger, Michel (2011): Sprache und Beruf: Eine dokumentarische Analyse der praktischen Erfahrungen mit der deutschen Sprache als Zweitsprache von Menschen mit Migrationshintergrund. Grin: München.

Behrensen, Birgit/ Westphal, Manuela (2009): Berufliche erfolgreiche Migrantinnen. Rekonstruktion ihrer Wege und Handlungsstrategien: Expertise im Rahmen des Nationalen Integrationsplans. Auftrag des Bundesamts für Migration und Flüchtlinge (BAMF). Osnabrück: IMIS.

Bohnsack, Ralf (2003): Dokumentarische Methode. In: Bohnsack, Ralf/ Marotzki, Winfried/ Meuser, Michael (Hrsg.): Hauptbegriffe qualitativer Sozialforschung. Ein Wörterbuch. Opladen: Leske + Budrich, S.40-44.

Bourdieu, Pierre (1992): Ökonomisches Kapital, kulturelles Kapital, soziales Kapital. In: Bourdieu, Pierre: Die verborgenen Mechanismen der Macht. VSA-Verlag: Hamburg, S.49-79.

Brosius, Anja (2008): Handlungspraktiken hochqualifizierter MigrantInnen beim Arbeitsmarktzugang. Online abrufbar unter: http://www.cultural-capital.net/images/ stories/publications/working_paper_3.pdf; [Zugriff: 04.01.2012]

Bundesamtes für Migration und Flüchtlinge (2007): Migrationsbericht des Bundesamtes für Migration und Flüchtlinge im Auftrag der Bundesregierung: Migrationsbericht 2006. Nürnberg: o.V.

Dahrendorf, Ralf (1957): Soziale Klassen und Klassenkonflikte in der industriellen Gesellschaft. Stuttgart: Enke.

de Paz Martinez, Laura (2009): Arbeitslosigkeit, Alter und Migration – Zur Integration älterer Migranten in den Arbeitsmarkt: Eine explorative Studie aus dem Rhein-Main-Gebiet. In: In Migration und Soziale Arbeit, 31.Jg., H. 2, S.142-148.

Deutsche Gesellschaft für die Vereinten Nationen e.V. (2009): Bericht über die menschliche Entwicklung 2009. Barrieren überwinden: Migration und menschliche Entwicklung. Berlin: UNO-Verlag.

Englmann, Bettina (2009): Die Standards der beruflichen Anerkennung. In: Aus Politik und Zeitgeschichte, H. 44, S.19-24.

Englmann, Bettina (2008): Die Anerkennung von ausländischen Qualifikationen in Deutschland – Ergebnisse der Studie „Brain Waste". In Migration und Soziale Arbeit, 30.Jg., H. 3/4, S.222-229.

Englmann, Bettina/ Müller, Martina et al. (2007): Brain Waste: Die Anerkennung von ausländischen Qualifikationen in Deutschland. Online abrufbar unter: http://www.berufliche-anerkennung.de/images/stories/download/brain%20 waste.pdf; [Zugriff: 04.01.2012]

Farrokhzad, Schahrzad (2008): Von unterschätzten Potenzialen – Bildungserfolgreiche Frauen mit Migrationshintergrund auf dem Arbeitsmarkt. In: Migration und Soziale Arbeit, 30.Jg., H. 3/4, S.214-221.

Floud, Jean (1959): Die Schule als eine selektive Institution. In: Soziologie der Schule (Sonderheft), 4.Jg., H.4, S.40-51.

Gruber, Sabine/ Rüßler, Harald (2002): Hochqualifiziert und arbeitslos: Jüdische Kontingentflüchtlinge in Nordrhein-Westfalen. Problemaspekte ihrer berfulichen Integration. Eine empirische Studie. Opladen: Leske + Budrich.

Hefele, Natalia/ Menz, Margarete (2006): Wer integriert die Hochqualifizierten: Ergebnisse einer Expertise zur beruflichen Integration russischsprachiger AkademikerInnen in den deutschen Arbeitsmarkt. In: Migration und Soziale Arbeit, 28. Jg., H. 3/4, S. 302-309.

Heß, Barbara/ Sauer, Leonore (2007): Migration von hoch Qualifizierten und hochrangig Beschäftigten aus Drittstaaten nach Deutschland. Nürnberg. Online abrufbar unter: http://www.bamf.de/SharedDocs/Anlagen/DE/Publikationen/WorkingPapers/wp09-migration-von-hoch-Qualifizierten.html; [Zugriff: 04.01.2012]

Hoerning, Erika M. (1978): „Zweiter Bildungsweg – eine Statuspassage?". In: Kohli, Martin (Hrsg.): Soziologie des Lebenslaufs. Darmstadt/Neuwied: Luchterhand, S. 251-266.

Kolb, Holger (2005) Die deutsche „Green-Card". Online abrufbar unter: http://focus-migration.hwwi.de/index.php?id=1198&L=0; [Zugriff: 20.07.2012]

Krack-Roberg, Elle (2010): Ehescheidungen 2008. Online abrufbar unter: https://www.destatis.de/DE/Publikationen/WirtschaftStatistik/Bevoelkerung/Ehescheidungen2008.html; [Zugriff: 20.07.2012]

Krais, Beate (1983): Bildung als Kapital: Neue Perspektiven für die Analyse der Sozialstruktur. In: Kreckel, Reinhard (Hrsg.): Soziale Ungleichheiten. Göttingen: Otto Schwartz & Co. S.199-220.

Mecheril, Paul (2004): Einführung in die Migrationspädagogik. Weinheim: Beltz.

Müller, Walter/ Mayer, Karl Ulrich (1976): Chancengleichheit durch Bildung? Untersuchungen über den Zusammenhang von Ausbildungsabschlüssen und Berufsstatus. Stuttgart: Klett.

Nestvogel, Renate (2006): Integrationsverständnisse von Afrikanerinnen in Deutschland. In: IMIS-Beiträge, H.30, S.69-93.

Nohl, Arnd-Michael (2010): Von der Bildung zum kulturellen Kapital: Die Akkreditierung ausländischer Hochschulabschlüsse auf deutschen und kanadischen Arbeitsmärkten. In: Nohl, Arnd-Michael/ Schittenhelm, Karin/ Schmidtke, Oliver/ Weiß, Anja (Hrsg.): Kulturelles Kapital in der Migration: Hochqualifizierte Einwanderer und Einwanderinnen auf dem deutschen Arbeitsmarkt. Wiesbaden: VS, S.153-165.

Nohl, Arnd-Michael (2009): Interview und dokumentarische Methode. Anleitung für die Forschungspraxis. Wiesbaden: VS.

Nohl, Arnd-Michael/ Ulrike Selma Ofner/ Sarah Thomsen (2010): Hochqualifizierte BildungsausländerInnen in Deutschland: Arbeitsmarkterfahrungen unter den Bedingungen formaler Gleichberechtigung. In: Nohl, Arnd-Michael/ Schittenhelm, Karin/ Schmidtke, Oliver/ Weiß, Anja (Hrsg.): Kulturelles Kapital in der Migration: Hochqualifizierte Einwanderer und Einwanderinnen auf dem deutschen Arbeitsmarkt. Wiesbaden: VS, S.67-82.

Oevermann, Ulrich (1972): Sprache und soziale Herkunft. Frankfurt: Suhrkamp.

Ofner, Ulrike Selma (2011): Hochqualifizierte Zuwanderer mit Bezug zum Ruhrgebiet. Online abrufbar unter: http://www.kulturwissenschaften.de/images/text_material-1361.img; [Zugriff: 22.07.2012]

Riemann, G. (2003): Narratives Interview. In: Bohnsack, Ralf/ Marotzki, Winfried/ Meuser, Michael (Hrsg.): Hauptbegriffe qualitativer Sozialforschung. Ein Wörterbuch. Opladen: Leske + Budrich, S.120-122.

Schelsky, Helmut (1961): Family and School in Modern Society. In: Halsley, Albert Henry/ Floud, Jean/ Anderson, C. Arnold (Hrsg.): Economy and Society. New York: Free Press. S.414-420.

Schittenhelm, Karin (2005): Soziale Lagen im Übergang: Junge Migrantinnen und Einheimische zwischen Schule und Berufsbildung: Wiesbaden: VS.

Schmidtke, Oliver (2010): Ethnisches kulturelles Kapital in der Arbeitsmarktintegration: Zwischen ethnischer Nischenökonomie und Übergang in den allgemeinen Arbeitsmarkt. In: Nohl, Arnd-Michael/ Schittenhelm, Karin/ Schmidtke, Oliver/ Weiß, Anja (Hrsg.): Kulturelles Kapital in der Migration: Hochqualifizierte Einwanderer und Einwanderinnen auf dem deutschen Arbeitsmarkt. Wiesbaden: VS, S.247-259.

Schmolke, Judith (2010): Hemmnisse der Arbeitsmarktintegration von niedrigqualifizierten Frauen mit Migrationshintergrund. Nürnberg. Online abrufbar unter: http://www.bamf.de/SharedDocs/Anlagen/DE/Publikationen/Studien/fb-bd3-hemmnisse-arbeitsmarktintegration.html; [Zugriff: 04.01.2012]

Schultz, Theodore W. (1961): Investment in Human Capital. In: American Economic Review, 51.Jg., H. 1, S.1-17.

Schweigard, Eva (2008): Berufsbezogene Sprachkurse für Arbeitslose mit Migrationshintergrund als Instrument aktiver Arbeitsmarktförderung – Ergebnisse der Begleitforschung. In: Migration und Soziale Arbeit, 30.Jg., H. 3/4, S.244-250.

Seifert, Wolfgang (2008): Qualifikation und Arbeitsmarktintegration der ersten und zweiten Generation am Beispiel Nordrhein-Westfalens. In: Bade, Klaus J./ Bommes, Michael/ Oltmer, Jochen (Hrsg.): Nachholende Integrationspolitik – Problemfelder und Forschungsfragen. Osnabrück: IMIS, S.27-39.

Statistisches Bundesamt (2011): Bevölkerung und Erwerbstätigkeit: Bevölkerung mit Migrationshintergrund – Ergebnisse des Mikrozensus 2010. Wiesbaden.

Thomsen, Sarah (2010): Mehr als „weak ties" – Zur Entstehung und Bedeutung von sozialem Kapital bei hochqualifizierten BildungsausländerInnen. In: Nohl, Arnd-Michael/ Schittenhelm, Karin/ Schmidtke, Oliver/ Weiß, Anja (Hrsg.): Kulturelles Kapital in der Migration: Hochqualifizierte Einwanderer und Einwanderinnen auf dem deutschen Arbeitsmarkt. Wiesbaden: VS, S.260-271.

Thomsen, Sarah (2009): Akademiker aus dem Ausland: Biographische Rekonstruktion zur Statuspassage in den Arbeitsmarkt. Berlin: Logos.

van Gennep, Arnold (1986): Übergangsriten (aus dem Franz. von Klaus Schomburg Mit einem Nachw. von Sylvia M. Schomburg-Scherff). Frankfurt/ Main: Campus.

von Hausen, Niki (2010): Teufelskreis im Ankunftsland: Zur Verstetigung hochqualifizierter MigrantInnen im Arbeitsmarkt für unspezifische Qualifikationen. In: Nohl, Arnd-Michael/ Schittenhelm, Karin/ Schmidtke, Oliver/ Weiß, Anja (Hrsg.): Kulturelles Kapital in der Migration: Hochqualifizierte Einwanderer und Einwanderinnen auf dem deutschen Arbeitsmarkt. Wiesbaden: VS, S.180-194.

Weiß, Anja/ Ulrike Selma Ofner/ Pusch, Barbara (2010): Migrationsbezogene biographische Orientierungen und ihre ausländerrechtliche Institutionalisierung. In: Nohl, Arnd-Michael/ Schittenhelm, Karin/ Schmidtke, Oliver/ Weiß, Anja (Hrsg.): Kulturelles Kapital in der Migration: Hochqualifizierte Einwanderer und Einwanderinnen auf dem deutschen Arbeitsmarkt. Wiesbaden: VS, S.198-210.

Wilkens, Ingrid (2008): Migration, Bildung und Beschäftigung – Die Situation in Deutschland. In: Migration und Soziale Arbeit, 30.Jg., H. 3/4, S.172-179.

11. Anhang

Transkriptionsregeln[129]

(3) bzw. (.)	Anzahl der Sekunden, die eine Pause dauert, bzw. kurze Pause
nein	betont
. :	stark sinkende Intonation
, :	schwach steigende Intonation
vielleich-	Abbruch eines Wortes
nei::n	Dehnung, die Häufigkeit von : entspricht der Länge der Dehnung
haben=wir	schleifend, ineinander übergehend gesprochene Wörter
(doch)	Unsicherheit bei der Transkription
( )	unverständliche Äußerung, je nach Länge
((stöhnt))	parasprachliche Ereignisse
@nein@	lachend gesprochen
@(.)@	kurzes Auflachen
//mmh//	Hörersignal des Interviewers
→	Überlappung der Redebeiträge
°nein°	sehr leise gesprochen

---

[129] vgl. Bohnsack 2007, S.373 f.